dtv
premium

D1874415

HELMUT FUCHS · ANDREAS HUBER

Selfness

Nehmen Sie Ihr Leben in die Hand

Deutscher Taschenbuch Verlag

Wir danken Frau Rosmarie Kleimann, Inhaberin des Markenschutzes an selfness, für die Verwendung des Begriffes in unserem Buch.

Von Helmut Fuchs und Andreas Huber
sind im Deutschen Taschenbuch Verlag erschienen:

Das Rubicon-Prinzip (24361)
Gefühlsterroristen (24482)

FSC
Mix
Produktgruppe aus vorbildlich bewirtschafteten Wäldern und anderen kontrollierten Herkünften

Zert.-Nr. GFA-COC-1298
www.fsc.org
© 1996 Forest Stewardship Council

Der Inhalt dieses Buches wurde auf einem nach den Richtlinien des Forest Stewardship Council zertifizierten Papier der Papierfabrik Munkedal gedruckt.

Originalausgabe
Januar 2007
© Deutscher Taschenbuch Verlag GmbH & Co. KG,
München
www.dtv.de
Das Werk ist urheberrechtlich geschützt.
Sämtliche, auch auszugsweise Verwertungen bleiben vorbehalten.
Umschlagkonzept: Balk & Brumshagen
Umschlaggestaltung: Stephanie Weischer unter Verwendung
einer Illustration von Corbis/Rob Colvin
Satz: Fotosatz Reinhard Amann, Aichstetten
Gesetzt aus der Stone Serif 9,75/12,5˙
Druck und Bindung: Kösel, Krugzell
Gedruckt auf säurefreiem, chlorfrei gebleichtem Papier
Printed in Germany
ISBN-13: 978-3-423-24524-1
ISBN-10: 3-423-24524-7

Inhalt

»Werde, der du bist!«
Friedrich Nietzsche

Selfness:
Der Weg zu Erfüllung, Selbstbestimmung und Lebensfreude in Privatleben und Beruf

Was kommt nach dem Ende der industriellen Arbeitsgesellschaft? Wie werden wir in diesem Jahrhundert arbeiten *und* leben?

Strukturwandel und Globalisierung haben unsere Alltags- und Arbeitswelt dramatisch verändert und werden sie weiter verändern. Männer und Frauen sehen sich im Privat- und Berufsleben völlig neuen Anforderungen ausgesetzt. Im Übergang in die Informations- und Wissensgesellschaft des 21. Jahrhunderts werden Arbeitende zu Wissensarbeitern. Die traditionelle Normalbiografie löst sich auf, Fachqualifikationen veralten schnell, kein Arbeitsplatz ist mehr sicher, der Bedarf an Orientierung und (Karriere-)Beratung nimmt zu. Die frühere »Lebensstelle« existiert nicht mehr – niemand kann mehr einen Beruf fürs Leben wählen, Berufspraxis wird immer stärker zu einem lebenslangen Prozess.

Viele Experten prognostizieren eine zunehmende »Brasilianisierung«, ein Lebens- und Karriere-Patchwork. Wir werden in einer »Mehrebenen-Gesellschaft« leben, in der jeder Einzelne viele Rollen gestalten und Bündnisse für (neue) Arbeit schmieden muss, Leben und Karriere gleichen einem aus vielen kleinen Steinchen zusammengesetzten Mosaik. Dies schafft zwar neue Freiheiten – aber auch viele Unsicherheiten.

Vor diesem Hintergrund ist der Einzelne immer mehr gefordert. Um körperlich und geistig handlungsfähig zu bleiben, muss er eine ganzheitliche Lebenskompetenz entwickeln: Selfness, die allseitig umfassende Entwicklung der eigenen Persönlichkeit.

Persönlichkeitsentwicklung ist sicher kein postmodernes Unternehmen – die charakterbildende Entfaltung der eigenen Potenziale war beispielsweise schon Goethe zwei große und inhaltsschwere Bände über Wilhelm Meister wert. Aber Strukturwandel, Globalisierung und viele gesellschaftliche Entwicklungen wie der demografische Wandel stellen das Individuum vor historisch neue und kulturgeschichtlich kaum vergleichbare Herausforderungen, Möglichkeiten und Zumutungen. Selfness ist daher nicht nur als »Erfolgsmodell Persönlichkeit« (Dietmar Hansch), »Karrierefaktor Selbstmanagement« (Klaus Pertl) oder »Karrierefaktor Persönlichkeit« (Sabrina Steck) zu verstehen, das seinen kapitalistischen Marktwert zu steigern sucht, sondern im Wesentlichen als *Kultivierung einer größeren inneren Freiheit.*

Das Label »Selfness« prägte 2003 der Trendforscher Matthias Horx, um die soziokulturelle Weiterentwicklung des ab- und auslaufenden Wellness-Trends zu bezeichnen: »Am Ausgang der Industriegesellschaft entstand die Metapher Wellness als Sehnsucht und Versuch, »in immer höherer Lebenskomplexität körperlich-seelische Entspannung zu erreichen«, analysiert Horx.

Das Projekt blieb gleichsam auf halber Strecke stecken – in einer eher oberflächlichen, hedonistischen und körperorientierten Fun- und Spaßkultur. Aus Wellness wurde durch eine völlige Kommerzialisierung schließlich auch »Wellnepp« – von der Massagewellness-Brille bis zum Wellness-Fotoshooting. Selfness ist daher für Horx die logische Weiterentwicklung. Hatte Wellness mehr den passiven Verwöhnsüchtigen angesprochen, bewegt sich Selfness nun in einer höheren Dimension: »Selfness beginnt dort«, so Horx, »wo man von einer Dienstleistung oder einem Produkt einen nachhaltigeren Effekt erwartet. Man möchte verändert zurückkommen. Man möchte sich selbst als Individuum besser kennen und verstehen lernen. Man möchte kompetenter handeln. Also nicht nur ›sich gut fühlen‹, sondern auch ›richtiger handeln‹.«

War Wellness noch stark freizeitorientiert und auf passive Entspannung gerichtet, betrifft Selfness die aktive, permanente Selbstveränderung im ganzen Leben. Wichtige Fragen bei der Selfness sind etwa: Wie kann man in steigender Komplexität seine kognitiven Fähigkeiten verbessern und balanciert denken lernen? Wie kann man seine psychischen Potenziale stärken? Sich selbst und die Welt besser verstehen lernen?

Bei Selfness steht also nicht mehr der Wunsch nach vorübergehender Erholung und Entspannung im Mittelpunkt, sondern eine dauerhafte Lebensveränderung. Es geht um Eigenverantwortung, man verlässt sich nicht mehr auf Hilfe von außen, sondern möchte (und muss) seine Entscheidungen selbstständig treffen.

Definiert wird Selfness nach Horx durch folgende Eigenschaften und Kompetenzen:

- *Wohlbefinden* die Fähigkeit, sich gesund zu erhalten und fit zu bleiben
- *Ausgeglichenheit* die Fähigkeit zur »Work-Life-Balance« und zum positiven emotionalen Umgang mit der sozialen Umwelt, mit Partnerschaft, Beruf, Familie
- *Reifung* die Fähigkeit und Bereitschaft, bis ins hohe Alter zu lernen und Erfahrungen gewinnbringend umzusetzen

Diese Definition macht die Komplexität deutlich, die das Label »Selfness« benennt: Es geht um das lebenskompetent denkende, fühlende und handelnde Selbst.

Wir greifen dieses Label bewusst auf, weil es in verschiedenen Kontexten zunehmend akzeptiert und gebraucht wird und in den nächsten Jahren die Diskussion um postmoderne Entwicklungen wesentlich mitbestimmen wird. Hinzu kommt, dass es auch von der psychologischen Bestimmung her den Kern der Sache trifft: Bei C. G. Jung beispielsweise war das

Selbst eine höhere Instanz als das Ich – das Ich, so Jung, schwimme wie ein Fettauge auf der Suppe des Selbst. Locker zeitgemäß formuliert: Die Selbst-GmbH ist einflussreicher, erfolgreicher und zukunftsfähiger aufgestellt als die Ich-AG.

Unser Verständnis von Selfness kommt dem Modell des »Lebensunternehmers« von Christian Lutz am nächsten: Der Zukunftsforscher war Mitte der 90er Jahre der Erste, der eine *unternehmerische* Einstellung gegenüber dem eigenen Leben und dem beruflichen wie privaten Lebensweg als sinnvolle Orientierung erkannte: »›Lebensunternehmer‹ nennen wir Menschen«, so Lutz, »die sich für ihr eigenes Leben wie für ein Unternehmen verantwortlich fühlen.«

Das eigene Leben zu unternehmen ist eine Metapher, in der das eigene Leben und die eigene Persönlichkeit als Potenziale wahrgenommen werden, für deren Weiterentwicklung man sich verantwortlich fühlt. In der Auseinandersetzung mit einem dynamischen Umfeld entwickeln Lebensunternehmer ihre eigenen Fähigkeiten und Möglichkeiten und nutzen sie zur weiteren Entwicklung sowie zur Mitgestaltung des Umfeldes. Veränderungen und Übergänge verstehen sie kaum als Krisen, sondern als Chancen.

Selfness im Sinne eines lebenskompetent agierenden Lebensunternehmers heißt: Im Mittelpunkt steht das Selbst in seiner ganzen Welt und Lebensbalance. Selfness meint konsequente »Arbeit am Selbst«, um sich im Leben ganzheitlich weiterzuentwickeln. Selfness eröffnet sinnvolle und Erfolg versprechende Denk- und Handlungsperspektiven und beurteilt – im Gegensatz zur Ich-AG – das Leben nicht nur nach ökonomischen Maßstäben. Zwar sind Fragen sinnvoll wie: Bringt mich das weiter? Lohnt sich das? Wie kann ich das optimieren? Für eine zeitgemäße, zukunftsorientierte Lebensgestaltung und -planung greifen sie allerdings zu kurz.

Positive Psychologie: Das lange geschlossene positive Auge öffnen

Mit dieser soziokulturellen Entwicklung korrespondiert in der Psychologie als Wissenschaft vom menschlichen Erleben und Verhalten die Entstehung der Positiven Psychologie. Die Psychologen beschäftigten sich seit dem 20. Jahrhundert im Grunde genommen nur mit einer Frage: »Was belastet die Menschen?« Aber je mehr sie dabei über die Abgründe und dunkle Seite der menschlichen Psyche erfahren haben, desto klarer wurde, dass sie auch die andere, helle Seite erkennen und genauer erforschen müssen: Was macht Menschen glücklich, worin liegen die Grundlagen von subjektivem Wohlbefinden oder »Lebenserfolg«? Diese existenziellen Fragen untersucht seit den 90er Jahren das zukunftsweisende Forschungsprogramm der Positiven Psychologie in den USA.

Positive Psychologen wie Martin Seligman, Charles »Rick« Snyder, Ed Diener, Roy Baumeister oder Mihaly Czikszentmihalyi erforschen seitdem, wie ein Mensch seine Stärken und Fähigkeiten entdecken und so einsetzen kann, dass sie ihm und anderen das Leben erleichtern. Wie finden Menschen Sinn im Leben? Was macht sie wirklich lebenszufrieden – gar glücklich? Was fördert ihr Wohlbefinden und ihre körperliche und seelische Gesundheit? Positive Psychologie meint nicht einfach eine neue Art, positiv zu denken, sondern das individuell Positive ganzheitlich zu fördern und zu fordern.

Als menschliche Stärken gelten (moralische) Tugenden – Mitgefühl, Solidarität, Humor, Hoffnung, das Erleben von Sinnhaftigkeit im Leben, Empathie oder Altruismus – ebenso wie stabile und prozessorientierte Merkmale und Fähigkeiten zur Meisterung der Herausforderungen des alltäglichen Lebens: Beharrlichkeit und Wachstum, kommunikative Fertigkeiten, Kreativität oder Intelligenz.

Die auch in Deutschland und Europa immer markantere Spuren hinterlassende Forschung hat es sich zum Ziel gesetzt,

Menschen zu einem produktiven und erfüllten Leben zu verhelfen und sie in diesem Bestreben positiv auszurichten und zu fördern. Da das Programm und die Befunde dieser neuen psychologischen Forschung viele unserer Erkenntnisse über ein ganzheitlich orientiertes Lebensunternehmertum stützen, orientieren wir uns an ihr als wissenschaftlich verlässlicher Grundlage.

So betonte Martin Seligman als einer der Gründungsväter der Positiven Psychologie in einem Interview mit ›Psychologie Heute‹ im Juni 2001: »Damit man mich nicht missversteht: Ich habe keineswegs mit meiner über 35 Jahre langen Identität als ›Negativer Psychologe‹ gebrochen, sondern glaube noch immer, dass diese Mission fortgeführt werden muss: Warum kommt es zu einem Leben unter null? Was kann man dagegen machen? Ich möchte dem heute aber etwas hinzufügen – nämlich Antworten finden, wie sich ich-stärkere Persönlichkeiten entwickeln können oder wie sich eine So-lala-Ehe in eine glückliche Partnerschaft verwandeln lässt. Wir brauchen zukünftig auch Wissenschaftler, die ich gerne als ›Effektivitätsforscher‹ bezeichne und die auf dem lange geschlossenen positiven Auge hellsichtig werden.«

Die Entwicklung ich-starker Persönlichkeiten und das Öffnen des lange geschlossenen positiven Auges der Psychologen gehen mit dem Projekt Selfness Hand in Hand, denn die Positive Psychologie ist keine auf die isolierte Einzelperson bezogene Forschung: Stärken und Ressourcen haben immer eine positive soziale Orientierung und schließen Handeln aus purem Egoismus, Rücksichtslosigkeit oder Machtmotiven aus. Die von der Positiven Psychologie angestrebten positiven Effekte beinhalten Aspekte, die sowohl auf die eigene Person als auch auf andere Personen bezogen sind.

Die Positive Psychologie fördert das auf Dauer einzige Erfolg garantierende, konstruktive Win-Win-Denken und -Handeln. Ein egoistischer Lebensunternehmer, der auf Kosten anderer ausschließlich auf seinen Vorteil bedacht ist, wird in den unsicheren und auf vielen wechselseitig abhängigen Prozessen begründeten komplexen Handlungsfeldern postmodernen Lebens und Arbeitens eher früher als später zum Scheitern verurteilt sein.

Positive Psychologen sprechen daher von einer positiven »attitude of mind«, die ihre Arbeit bestimmt. In dieser Hinsicht kann man sie als wissenschaftliche Lebensunternehmer bezeichnen – auf der Suche nach dem, was die Individuen und die komplexe Gesellschaft des 21. Jahrhunderts zum Gedeihen bringen kann. Und: Wichtige Forschungsgebiete der Positiven Psychologie wie beispielsweise Stressfähigkeit (Coping), Resilienz oder Krisenmanagement können ausnahmslos als komplexe Handlungsentwürfe für den ganzheitlich agierenden Lebensunternehmer verstanden werden.

So ist der aus der traditionellen Stressforschung stammende Coping-Begriff heute sehr viel mehr als aktive, selbstbewusste Stressbewältigung und Aufbau einer mußevollen Entspannungskultur: Was kann der Einzelne tun, um in seinem Alltag Stress zu vermeiden, ihn abzubauen und ihn umzuwerten, ihn also gar nicht erst als Stress wirksam werden zu lassen? Auffallend sind die ganzheitlichen Auffassungen. Es geht um die Gestaltung der Lebensführung, die Überprüfung der persönlichen Werte und Einstellungen und um Techniken, mit deren Hilfe sich der als nötig erachtete Wandel im Lebensstil herbeiführen lässt. Die Herstellung des inneren Friedens – und damit die stressreduzierende und stressimmunisierende Wirkung für Körper und Psyche – ist nur erreichbar durch eine gewisse Bescheidung, durch die Konzentration aufs Wesentliche. Diese Bescheidenheit ermöglicht eine neue Balance zwischen unterschiedlichen Lebenszielen und den sich selbst abverlangten Anstrengungen zur Erreichung dieser Ziele und kann den Stress des Alltags reduzieren.

Beim Ärger- und Wutcoping beispielsweise macht sie den Einzelnen toleranter und nachsichtiger, zunächst mit sich selbst. Dabei kann die Bereitschaft zum sich selbst entlastenden Verzeihen sich auch auf andere erstrecken: Wer seine eigenen Schwächen und Fehler erkennt, ist auch milder und nachsichtiger im Umgang mit anderen.

Selfness als kluge Lebenskunst

»Leaders are made, not born« gehört heute zu den allgemein akzeptierten Erkenntnissen in der Führungs- und Managementforschung. Dabei gilt für alle Akteure: »(Why) Knowing yourself is the best strategy now« (›Harvard Business Review‹). Den »Winner« charakterisiert das Wissen über sich, über seine persönlichen Motive, Werte, Antriebe und emotionalen Kompetenzen.

Dies gilt im Übrigen für alle »Führungskräfte des Selbst«: Lebensunternehmer akzeptieren die Herausforderung, für ihr Leben umfassend selbst verantwortlich zu sein – sie agieren, statt nur zu reagieren. Sie kennen ihre Stärken und fördern sie, sie suchen neue Wege und neue Tätigkeitsfelder. Sicherheit findet der Lebensunternehmer in sich selbst: Er gestaltet und managt sein Leben und seine »Employability« – Arbeitsmarktfähigkeit – als modernes Portfolio von Soft Skills und Lebenskompetenzen, die ihn eine Arbeit optimal ausfüllen und flexibel zu anderen Aufgaben und Jobs wechseln lassen. Er weiß, was er (nicht) kann, wie und wo er seine Fähigkeiten anwenden will. Regelmäßige Standortbestimmungen und Check-ups signalisieren ihm seine berufliche Fitness und welche neuen Qualifikationen er sich aneignen muss.

Zur erfolgreichen Gestaltung der beruflichen und privaten Laufbahn eines Lebensunternehmers zählen Kompetenzen wie Selbstreflexion, Eigenaktivität und Ressourcenmanagement: Was ist Ihr eigentlicher Lebensentwurf? Welche Werte und Motive sind für Sie wirklich grundlegend und wegweisend? Welche Kernkompetenzen und Schlüsselqualifikationen besitzen Sie? Wo liegen bisher unerschlossene Ressourcen? Was sind Ihre wahren beruflichen Ziele und Visionen?

Vor diesem Hintergrund versteht sich dieses Buch als Lebenshilfe im besten Sinne: als komplexes, kompetentes positives Life-Balancing in allen Lebensbereichen. Es vermittelt grundlegende Theorien – in Form von notwendigem Hintergrundwissen – und konkrete Techniken und Hilfen zur Gestaltung des eigenen Lebensunternehmertums. So verstanden dient es allen Interessierten auch als Arbeitsbuch zur Lebens- und Karriereplanung: Persönlichkeitsentwicklung unter dem Vorzeichen einer klugen Lebenskunst.

Neben einem praktischen Orientierungsrahmen, der all denen Perspektiven eröffnet, die ihre Persönlichkeit bewusst weiterentwickeln, ihre Schwächen erkennen und ihre Stärken gezielt einsetzen wollen, bietet es ein zukunftsorientiertes Konzept für Menschen, die andere Wege suchen und Beruf, Karriere und (Privat-)Leben neu gestalten und ausbalancieren möchten – allesamt zeitgemäße Hilfen zur intelligenten Selbsthilfe.[1]

Die erste Gelegenheit zu einem »Selfness-Check« bietet Ihnen der folgende Kompakttest in Sachen Lebenszufriedenheit:

✘ Test 1: Sind Sie mit Ihrem Leben zufrieden?

Beantworten Sie bitte die folgenden fünf Aussagen ehrlich und konzentriert anhand dieser siebenstufigen Skala:
(1) stimmt überhaupt nicht – (2) stimmt kaum (3) – stimmt manchmal – (4) teils-teils – (5) stimmt eher – (6) stimmt meist – (7) stimmt völlig

1. In praktisch allen Bereichen verläuft mein Leben so, wie ich mir das vorstelle.
2. Meine Lebensbedingungen sind hervorragend.
3. Ich bin mit meinem Leben zufrieden.

4. Bis heute habe ich das bekommen, was ich vom Leben wollte.
5. Wenn ich mein Leben nochmals leben könnte, würde ich praktisch nichts anders machen.

Die Auswertung finden Sie auf S. 198.

Sollten Sie völlig lebenszufrieden sein, dürfte Sie dieses Buch wohl nur aus intellektuellen Gründen interessieren. Sollten Sie es nicht sein, nutzen Sie es, um Ihre Selfness zu entwickeln. »Wie können wir uns von plus zwei auf plus fünf verbessern?«, lautet die entscheidende Selfnessfrage des Positiven Psychologen Martin Seligman in einem gleichnamigen Interview mit der Zeitschrift ›Psychologie Heute‹.

Wir wissen, dass komplexe Anforderungen nur bewältigen kann, wer selbst komplex ist. Gleichzeitig sind wir uns bewusst, dass dieses Buch nicht alle Aspekte erfassen und vertiefen kann. Dennoch hoffen wir, dass es dem Einzelnen in existenziellen Teilfragen zu helfen vermag, dem permanenten Strukturwandel effektiver zu begegnen, und dass es im Selfness-Sinne eines mentalen Reengineerings dazu beiträgt, die Schlüssel- und Lebenskompetenzen für die nötige Handlungsstärke freizusetzen, um ein beruflich erfolgreiches und insgesamt bejahenswertes Dasein zu gestalten.

Noch ein Wort an den Schnellleser: Mit Ausnahme der grundlegenden Einleitung haben wir die einzelnen Kapitel als Module konzipiert, die unabhängig von den anderen gelesen werden können. Daher brauchen Sie das Buch also nicht linear zu lesen, um zu wissen, worum es geht. Dennoch bilden erst alle Teile das Ganze – und das ist auch weiterhin mehr als ihre Summe.

Selfness-Hintergrund:
Weltmodell Hyperkomplexität und Megatrend Gesundheit

Der moderne Mensch ist im Morgengrauen des dritten Jahrtausends ein Anfänger in seinen Weltverhältnissen. So gilt als das Charakteristikum unserer Zeit eine seit den 90er Jahren zunehmende *Komplexitätsspirale*. Ob wirtschaftlich und politisch oder ganz privat: Die tief greifenden Veränderungen einer unübersichtlich, »chaotisch« gewordenen Welt lassen sich nur noch in Dimensionen des *Komplexen* erfassen und verstehen. Das eindimensionale Denken hat ausgedient: »Die Idee der Einfachheit fällt in Stücke«, beschreibt Nobelpreisträger Ilya Prigogine die alle Lebensbereiche umfassende Entwicklung. »In welche Richtung Sie auch gehen, Sie werden auf Komplexität stoßen.«

Komplexes Denken und Komplexitätskompetenz im Umgang mit Ungewissheit, Mehrdeutigkeit und Angst ist für den Einzelnen zu einer existenziellen Notwendigkeit geworden, um sich heute und besonders in der Welt von morgen orientieren zu können. Das Leben war und ist sicher ein Abenteuer. Viele Menschen erleben dieses Abenteuer in unserer Zeit aber als bedrohliche Reise ins Ungewisse. Ob Globalisierung und Strukturwandel, Medienrevolution, Klimakatastrophe, Gentechnologie, Fundamentalismus oder brennende Banlieues im Herzen Europas – der »Wertewandel« zeigt sich am Anfang des neuen Jahrhunderts als kopernikanische Wende alter Weltordnungen. »Die Globalisierung«, bemerkte Global Player Rolf Breuer als ehemaliger Chef der längst multikontinental agierenden Deutschen Bank, »überfordert die meisten Menschen.« Und ähnlich beschrieb Kollege Hilmar Kopper als früherer Aufsichtsratsvorsitzender der Deutschen Bank seinen Berufsalltag: »Ich ersticke hier in Komplexität!«

Wie auch immer der Einzelne seine Welt und Umwelt am Anfang des neuen Jahrhunderts begreift: Wir werden angesichts des permanenten, rasanten Strukturwandels auf unsicherem und unübersichtlich komplexem Terrain agieren müssen. Kultur- und Kommunikationsforscher Norbert Bolz spricht gar von der »Hyperkomplexität« der Weltgesellschaft. Philosophen, Historiker und Sozialwissenschaftler diagnostizieren im Wesentlichen ein Zerbrechen der Identität, die Auflösung des Ichs und einen Verlust der Wahrheit.

Viele wirtschaftliche, politische, technologische, kulturelle und wissenschaftliche Entwicklungen und Umwälzungen haben die individuellen Lebensverhältnisse am Ende des Industriezeitalters zutiefst verändert: vor allem die Auflösung gesellschaftlicher Bindungen in Familie, Arbeiterschaft oder Bürgertum, der Niedergang des Sozialstaates und seiner Versorgungssysteme, Dauerarbeitslosigkeit, die revolutionäre Medialisierung aller Lebensbereiche und zunehmende politische Erschütterungen.

Der fundamentale Strukturwandel in der (Welt-)Wirtschaft hat seit den 90er Jahren eine klare Tendenz: weg vom linearen Taylorismus und »Ordo-Management« des 19. und 20. Jahrhunderts und hin zum nicht-linearen, komplexen »Wandel in Permanenz« der globalisierten Informations- und Wissensgesellschaft des 21. Jahrhunderts.

Für die neue Komplexität fanden die Analytiker im Wesentlichen drei Dimensionen, die sich gegenseitig verstärken: Globalisierung, soziodemografischer Wandel und kultureller Wertewandel.

Bei genauerem Hinsehen sind diese Prozesse für das offensichtlich zunehmende Bedürfnis nach Selfness zumindest mitverantwortlich – vielleicht kann man sogar von einer Notwendigkeit sprechen. So fordert die Globalisierung ein Individuum, das mental vielseitig ist und mit komplexer Vielfalt und Unvorhersehbarem in seinem Denken und Handeln umgehen kann – und fördert so den Wissensarbeiter oder die

»hochkomplexe Symbolarbeit« (Matthias Horx). Zudem machen engere internationale Verflechtungen auch Binnenmärkte in praktisch allen Branchen von weltweiten Prozessen abhängig. Entsprechend müssen die Unternehmen und die Berufstätigen die komplexe Dynamik einer internationalen Konkurrenz- und vor allem Kundenorientierung begreifen und bewältigen. Beide Aspekte sind stark selfness-relevant.

Ebenso fordert und fördert der demografische Wandel zusammen mit dem Wertewandel viele Merkmale von Selfness und Lebensunternehmertum. So orientieren sich im Berufsleben die Menschen – ob als Kunde oder Mitarbeiter – kaum noch an traditionellen Werten wie Ordnung, Disziplin, Selbstbeherrschung, Pflichterfüllung, Fleiß oder Gehorsam. Als erstrebenswert und sinnvoll gelten dagegen die »weichen«, postmateriellen Werte wie Selbstverwirklichung, Spaß, Kreativität oder Emanzipation. Einer Abnahme von einfacher Anpassung oder Unterordnung steht also eine zunehmende Bedeutung von komplexen Größen wie Kommunikation oder individueller Selbstbestimmung gegenüber.

Zudem ist das traditionelle Modell der Lebensphasen immer brüchiger geworden: Erwachsenwerden, Berufsfindung, Familienaufbau und Rentenzeit sind keine sicheren, festen und berechenbaren Größen mehr, sondern wir müssen unsere Rollen und psychosozialen Identitäten in allen Bereichen sehr viel flexibler gestalten als früher: im Berufsleben, im Privatleben oder in der Familie.

Tatsächlich finden sich komplexe Systeme überall: Der menschliche Organismus ist ebenso komplex wie der Welt- oder örtliche Supermarkt, das Weltklima genauso wie das Innenleben des Nachbargartens, die eigene Persönlichkeit oder ein Fußballspiel, die Börse oder die Firma – alles fluktuiert, »schwingt« und wandelt sich rasch, vielfältig und unvorhersehbar.

Die früheren Binnenperspektiven erweisen sich dabei als kaum noch tauglich, denn nun scheint alles irgendwie mit allem vernetzt, alles mit vielem zu tun zu haben. So müsste eine wirklich komplexitätsfähige Wirtschaftspolitik gleichzeitig Bildungs-, Gesundheits- und Umweltpolitik sein, wie es der Buchautor Arthur Schmidt formuliert.

Auch wenn viel von Komplexität gesprochen wird, mag es überraschen, dass der Begriff selbst in der wissenschaftlichen Forschung nicht eindeutig definiert ist. Mittlerweile unterscheidet man je nach Verständnis, Forscher oder Disziplin fast 40 verschiedene wissenschaftliche Definitionen, Konzepte oder Modelle von Komplexität.[2] Auch Psychologieprofessor Dietrich Dörner meint als einer der renommiertesten deutschen Komplexitätsforscher, dass »eine zufrieden stellende Messung von Komplexität schwierig« sei. Gerade für das Selfness-Projekt ist es aber wichtig, dass man nicht von *einer* Komplexität eines Systems ausgehen kann. »Komplexität ist keine objektive Größe«, so Dörner, »sondern eine *subjektive.*« Ähnlich bilanziert Komplexitätsexperte Franz Reither nach 15 Jahren einschlägiger Forschung, dass Komplexität »meist Ansichtssache« sei.

Mit dem kleinsten gemeinsamen Nenner werden Systeme oder Phänomene als »komplex« bezeichnet, wenn sich ihre jeweiligen Elemente wechselseitig aufeinander beziehen und sich das System in diesem Prozess verändert. Komplexität wird dabei als *qualitatives Konzept* verstanden und von Kompliziertheit als *quantitativem* Begriff abgegrenzt. Komplex sind immer die zwischen den Elementen bestehenden *Beziehungsphänomene* eines Systems – kompliziert ist dagegen die reine Zahl der Systemteile.

Diese Komplexität erfordert zudem eine weitere Selfness-Charakteristik: Pluralitätskompetenz. Wir teilen die Analyse des Kulturphilosophen Wolfgang Welsch, dass das Leben der Subjekte zu einem »Leben-im-Plural« und Pluralitätskompetenz zur wichtigsten Fähigkeit geworden ist: »Solch interne Pluralität und Übergangsfähigkeit scheint uns für heutige Subjekte nicht nur charakteristisch, sondern auch erforderlich zu sein.« In einer Situation komplexer Pluralität hat lebenskompetente Handlungsfähigkeit nur derjenige, der auf die Vielheit einzugehen und mit dieser zu handeln vermag.

Vor diesem Hintergrund einer hyperkomplexen Welt und Umwelt wird die Unterscheidung zwischen dem oberflächlichen Lifestyle der endenden Wellness-Epoche und der zu entwickelnden nachhaltigen Lebenskunst der beginnenden Selfness-Ära besonders wichtig.

Auf die Frage »Warum Selfness?« gibt es aber noch eine zweite Antwort: den sechsten Kondratieff-Zyklus als »Megatrend Gesundheit«. Schon in den 90er Jahren analysierte der Kölner Wirtschaftswissenschaftler Leo Nefiodow, dass die von Dauerkrisen geplagten Gesellschaften des Westens gleichsam an Leib und Seele *gesunden* müssen – und wir daher zunehmend von einem Megatrend Gesundheit bestimmt werden. Heilung selbst wird zu einer ökonomischen *und* psychosozialen Macht.

Nefiodow legt seiner Argumentation die so genannte »Langwellen-Ökonomie« zugrunde, die in den 20er Jahren des 20. Jahrhunderts von dem russischen Wirtschaftswissenschaftler Nikolai Kondratieff formuliert wurde. Demnach entwickeln sich nationale Volkswirtschaften ebenso wie die Weltwirtschaft nicht nur in kürzeren oder mittelfristigen Konjunkturzyklen, sondern auch in ausgesprochen langen Wellen von etwa 50 Jahren Dauer. Am Beginn einer jeden langen Welle stehen so genannte Basisinnovationen, die die weitere Entwicklung entscheidend prägen und lenken. Neben der Erfindung der Dampfmaschine Anfang des 19. Jahrhunderts etwa initiierten die Basisinnovationen Eisenbahn/Stahl, Elektrotechnik/Chemie und das Automobil je eine lange Welle – einen Kondratieff-Zyklus – bis in die 60er Jahre. Anschließend bestimmte einige Jahrzehnte lang die Basisinnovation Informationstechnologie die Dynamik der Weltwirtschaft – für Nefiodow hat der Computer seine Entwicklungskräfte allerdings im Wesentlichen verbraucht.

Da sich ein Kondratieff-Zyklus immer auf mehreren Ebenen entwickelt, ist er nicht nur ein wirtschaftliches, sondern ein ebenso wichtiges soziales Phänomen. Ein Kondratieff führt immer auch zu einer weitreichenden Reorganisation der Gesellschaft.

»Der sechste Kondratieff«, so der Kölner Wirtschaftsvisionär einer marktbeherrschenden Weltgesundheit, »wird seine Antriebsenergie aus dem Streben nach einer ganzheitlich verstandenen Gesundheit beziehen, in deren Zentrum die Erschließung psychosozialer und seelischer Potenziale als Basisinnovation stehen wird.«

Für Nefiodow haben ohnehin alle größeren, neueren Wachstumsmärkte etwas mit Gesundheit in einem ganzheitlicheren Sinne zu tun. »Information«, so seine lapidare Erkenntnis, »ist Beziehung.« Während im fünften Kondratieff noch die Beziehungen gut strukturierter Arbeitsabläufe im Vordergrund standen, rücken im sechsten Kondratieff komplexe Beziehungsfelder in den Vordergrund: soziale, gesundheitliche und psychische. Nach Erhebungen der WHO muss heute bereits jeder siebte Westeuropäer, wahrscheinlich jeder siebte Bürger der Welt, als psychisch krank gelten.

Nefiodow zufolge lassen sich durch eine Verbesserung der psychosozialen Gesundheit nicht nur destruktive und produktionshinderliche Verhaltensweisen vermeiden, sondern auch die kreativen und produktiven Potenziale des Menschen erst richtig mobilisieren. Und tatsächlich klingt sein Argument plausibel, dass durch eine »bessere Beherrschung psychischer Phänomene« riesige Einsparungen erreicht und jene Ressourcen freigesetzt werden könnten, die zur Erschließung neuer Märkte notwendig wären. Nur fünf Prozent weniger psychosoziale Destruktivität – in Form von psychischen Störungen, Gewalttätigkeit, Unwissenheit, Kriminalität, Drogen, Umweltzerstörung – könnten mehrere hundert Milliarden US-Dollar einsparen helfen und einen Konjunkturschub auslösen, der Millionen neue Arbeitsplätze schaffen würde.

Im Kern ist also Kooperationsfähigkeit – mit sich selbst und den anderen – die absolute Schlüsselqualifikation des sechsten Kondratieff. Während in der Industriegesellschaft vor allem materielle Produkte nachgefragt wurden, geht es nun wesentlich um immaterielle Güter wie Dienstleistung, Pflege, Betreuung, Beratung und so weiter. Erstmals in der Geschichte scheinen Wirtschaftswachstum und Strukturwandel nicht mehr primär von Rohstoffen, Maschinen und deren Anwendungen abhängig zu sein, sondern von Fortschritten im Menschlichen. Solche Fortschritte bedeuten aber nicht nur Sicherung einer guten psychosomatischen Gesundheit oder eines reibungslosen Zusammenspiels von Körper, Seele und Geist. Nefiodow setzt den Anspruch höher an: Zur vollen Menschlichkeit zählt in seinem Sinne eine möglichst störungsfreie, kreative und produktive Beziehung zum sozialen Umfeld.

Basisimpulse der Weltwirtschaft im neuen Jahrhundert sind die psychosoziale Gesundheit und Kompetenz des Menschen sowie der gesellschaftliche Bedarf an Gesundheit. Das umfasst nicht nur die rein körperliche Gesundheit, sondern auch die seelische, ökologische und soziale Gesundheit. Dabei spielen neue Biotechnologien und Umwelttechniken eine ebenso wichtige Rolle wie Selfnesstechniken und -tools aus Psychologie und Psychotherapie, einschließlich bestimmter Bereiche aus Religion und Philosophie.

Während sich die hedonistische und materialistische Wohlstandsgesellschaft vor allem körperlich bequem einrichtete – und mit Wellness ein erfahrungs- und körperbezogenes Spaßhaben kultivierte –, versteht Selfness Gesundheit in einem weitaus komplexeren, ganzheitlicheren Sinne: als Integration von Körper, Geist und Seele. Es geht um eine umfassende Lebensqualität und kreative Sorge sowie lebenslange Vorsorge für körperlich-seelische Gesundheit.

Selfness-Praxis I:
Schlüsselkompetenzen

Selfness ist ein Modell mit vielen Facetten. Um die Dinge übersichtlich zu halten, haben wir es in Schlüssel- und Lebenskompetenzen unterteilt.

Da wir Selfness als Entfaltung der ganzen Persönlichkeit verstehen, sind beide Bereiche niemals voneinander unabhängig, aus Gründen der besseren Darstellbarkeit haben wir sie aber getrennt und in eigenen Modulen behandelt. Schlüsselkompetenzen und Soft Skills verstehen wir eher als Eigenschaften und Tools, Lebenskompetenzen dagegen als persönlichkeitsbestimmende Tugenden und Lebenshaltungen. Mit Vorbehalt kann man es auch so ausdrücken: Schlüsselkompetenzen stärken das bewusste Ich – Lebenskompetenzen das unbewusste Selbst. Dennoch wissen wir, dass beide gleichwertig und im besten Sinne gleich gültig sind, um das Abenteuer Selfness erfolgreich zu gestalten.

Die folgenden Betrachtungen in Sachen Selfness möchten Ihnen Anregungen liefern, wie Sie die jeweiligen Kompetenzen und Fähigkeiten durch intelligentes Handeln in Beruf oder Alltag erfolgreich vertiefen und verbessern können. Sie orientieren sich an den wesentlichen Soft Skills:

- Konzentration und Achtsamkeit
- Kreativität
- Sozialkompetenz
- Persönlichkeitskompetenz
- Emotionale Kompetenz

Konzentration und Achtsamkeit

Halten Sie einmal inne: Wie oft haben Sie sich in den letzten Wochen einer Sache mit Hingabe und voller Konzentration gewidmet? Sind Sie ein guter, aufmerksamer und bewusster Zuhörer? Oder sind Sie ein Multitasking-Spezialist, häufig in mehrere Aktivitäten gleichzeitig involviert?

Wir beginnen unseren Streifzug über wesentliche Schlüsselkompetenzen von Selfness bewusst mit der Konzentration. Sie ist zwar nicht alles, könnte man in Anlehnung an ein bekanntes Bonmot formulieren, aber ohne sie ist alles nichts. Jeder einzelne Aspekt von Selfness erfordert Hingabe und Aufmerksamkeit. Dabei spielt auch die im Westen allzu lange übergangene Achtsamkeit eine wichtige Rolle.

Die Entwicklung unserer Persönlichkeit ist in jedem Aspekt elementar davon bestimmt, ob wir uns wirklich konzentrieren können. »Ich genieße das Leben doppelt so stark wie andere«, beschreibt Montaigne sein Lebenskonzept, »denn das Maß der Freude hängt davon ab, wie viel Aufmerksamkeit wir ihm schenken.«

»Konzentration ist Klugheit«, sagt ein Sprichwort – und der Volksmund meint damit offensichtlich eine gewisse Lebensklugheit. So wirkt es selbst auf dem Bildschirm faszinierend und mitreißend, wenn sich beispielsweise Sportler wie etwa Skiläufer, Hochspringer oder Gewichtheber hochkonzentriert auf den nächsten Schritt, die nächste Aktion vorbereiten oder Artisten, Musiker, Dirigenten, Schach- oder Schauspieler in ihrem Tun förmlich aufzugehen scheinen.

Ähnliches gilt für miteinander vollauf beschäftigte Liebespaare, spielende Kinder auf der Straße, ins Gespräch vertiefte Rentner auf der Parkbank oder den geschickten Schuhmachermeister nebenan, dem man durchs Schaufenster über die Schulter blickt – sie alle sind mehr oder weniger hochkonzentriert bei der Sache. Und ob sie nun unmittelbar »Leistung« bringen oder sich dem Spiel und der Muße hingeben: Alle sind da, wo heute viele gerne wären und Selfness hinweist, nämlich mitten im Leben – genauer: völlig bei sich selbst. Ohne Konzentration geht dies nicht.

Vielen Menschen fällt es allerdings schwer, sich zu konzentrieren – ob es sich nun um »Hypies«, die hyperaktiven Kinder, handelt oder um »Multitask-Junkies«, jene Zeitgenossen, die gleichzeitig vieles machen, aber nichts richtig: etwa Auto fahren, Radio hören und mit dem Handy telefonieren – oder zu Hause am PC arbeiten, einen Blick in den Fernseher werfen und Pizza essen. In der Informationsgesellschaft müssen wir zwar mit Vielfalt und Komplexität umgehen lernen. Das Multitasking, das vom Computer bekannte parallele Erledigen mehrerer Dinge, schadet aber Konzentration und Denkvermögen, »weil es tatsächlich einen schizoiden, unzusammenhängenden Denkstil fördert« – so der weltweit als Kapazität anerkannte deutsche Hirnforscher Ernst Pöppel. Das Bewusstsein kann die jeweiligen Inhalte nicht mehr sinnvoll repräsentieren oder gar verarbeiten, die Informationsflut rauscht gewissermaßen ungefiltert an einem vorbei.

Wie in der Anekdote des Piloten, der zwar vollständig die Orientierung verloren hat, aber dennoch glaubt, stolz auf sich sein zu dürfen, weil er noch nie so schnell gewesen sei, lauert hinter der Fassade vieler Zeitgenossen oft ein oberflächliches, »leeres« Ich. Unkonzentriert und abgelenkt, zerstreut und zerrissen, haben sie keinen Zugang zur Mitte ihrer Persönlichkeit. Immer spontan, (hyper-)aktiv und zerstreut: Kann so ein Leben zufrieden machen? Viele Verhaltensforscher verneinen dies – die Aufmerksamkeits-Defizit-Störung ADS, von der rund zehn Prozent der Kinder und Erwachsenen betroffen sind, gilt als neue Volkskrankheit.

Ein New-York-Graffito offenbart die innere Leere des auf den schönen äußeren Schein getrimmten Lifestyles der Postmoderne: »The only function of the nervous system is to keep the body constantly nervous« – die einzige Funktion des Nervensystems besteht darin, den Organismus ständig unter Spannung zu halten. Und unsere Gesellschaft sorgt für nie versiegende äußere Reizströme: von allem – Medien, Essen, Trinken, Entertainment, Fun, Kleidung und Mode, Termine, Video, Reisen, Verabredungen – immer mehr. Und vor allem: immer schnelllebiger.

Test 2:
Sind Sie konzentriert?

Beantworten Sie bitte folgende Fragen ehrlich mit Ja oder Nein:

FRAGE	JA	NEIN
Schieben Sie alles auf die lange Bank?		
Stürzen Sie sich in mehrere Projekte gleichzeitig, ohne sie zu Ende zu bringen?		
Sind Sie schnell gelangweilt?		
Fällt es Ihnen schwer, sich an vorgegebene Abläufe oder Anweisungen zu halten?		
Fühlen Sie sich schnell missverstanden, bzw. reagieren Sie häufig ungeduldig und »fahren zu schnell aus der Haut«?		
Sind Sie »stimmungslabil«?		
Fühlen Sie sich oft ruhelos und wissen mit Ihrer Energie nicht wohin?		
Können Sie anderen gut zuhören?		
Können Sie gut alleine sein?		

Die Auswertung finden Sie auf S. 198.

»Wegen der Fülle und Vielfalt der Angebote werden viele Eindrücke und Informationen nur noch konfettiartig nebeneinander aufgenommen«, weiß auch Freizeitforscher Horst W. Opaschowski. Für die moderne »Konfetti-Generation« bleiben die Eindrücke bruchstückhaft und oberflächlich: »Der zappende

Konsument kommt nicht zur Ruhe: Innere Unruhe weitet sich zum Dauerstress aus.«

Man kann es auch so formulieren: Mit derart »betäubten« Sinnen kann man auch nur »lähmende« Erfahrungen machen – eine denkbar schlechte Basis für authentisches Erleben und Persönlichkeitsentwicklung. Alle diese Verhaltensweisen und Konzentrationsschwächen sind gleichsam Selfness-killer.

Auch wenn es klar zu sein scheint, was Konzentration eigentlich meint, können Konzentration und Konzentration sehr unterschiedliche Bedeutungen haben. So galt Sich-konzentrieren-Können lange Zeit als eine Fähigkeit, die man wie Schreibmaschineschreiben oder Fahrradfahren einfach mechanisch erlernen kann – in den 60er Jahren wurde Konzentration noch definiert als »zuchtvolle Organisation und Ausrichtung der Aufmerksamkeit des Ich«.

Konzentration als »zuchtvolles« Instrument war allenfalls in einer Welt überkommener materialistischer Werte autoritärer Disziplin, des Gehorsams und der Unterordnung von Bedeutung. Das mechanische, streng disziplinierte und eben zuchtvolle Ausrichten der Konzentration ist gerade auch körperlich in den meisten Fällen eine schmerzhafte, gewaltvolle Angelegenheit. Der kanadische Psychologe Tom Wujec stellt stellvertretend für viele andere Konzentrationsforscher fest: »Je mehr man versucht, seinen Geist zu zwingen, desto schwieriger wird es, sich zu konzentrieren. Die Konzentration lässt sich gut mit einem Esel vergleichen: Schiebt oder zieht man ihn, wird er störrisch. Zieht oder schiebt man stärker, sträubt er sich noch mehr. Es bleibt ein aussichtsloser Kampf.«

Für die moderne Psychologie gilt heute aber nicht zuchtvoller Wille als Grundlage der Konzentration, sondern *Interesse und Hingabe*. Man versteht sie auch nicht mehr als isolierte Fähigkeit, sondern soll sie im Sinne einer »innerlich« konzentrierten und aufmerksamen *Lebenshaltung* entwickeln.

Die Dinge mechanisch und routiniert auszuführen, ist eine

Sache. Eine etwas andere dagegen, dasselbe aufmerksam und achtsam zu tun. Und diszipliniert – in einem ganz anderen Sinne allerdings als dem eben ausgeführten autoritären. So charakterisiert der indische Gelehrte Jiddü Krishnamurti in seinen ›Briefen über die Achtsamkeit‹ Disziplin als wertvolle Eigenschaft, die sich eben nicht auf Strafe oder militärischen Gehorsam gründet; vielmehr »hat jede Sache ihre eigene Disziplin: Wenn man ein guter Golfer oder Tennisspieler sein will, ist es erforderlich, jedem Schlag Aufmerksamkeit zu schenken und schnell und anmutig zu kontern.« Disziplin in diesem Sinne bedeutet, die »gesamte vielschichtige Bewegung des Lebens zu erlernen«. Ähnlich verweist auch der Sozialphilosoph Erich Fromm auf Disziplin als Tugend, bei der wesentlich ist, dass man sie »nicht wie etwas übt, das einem von außen aufgezwungen wird, sondern dass sie zum Ausdruck des eigenen Wollens wird, dass man sie als angenehm empfindet und dass man sich allmählich ein Verhalten angewöhnt, das man schließlich vermissen würde, wenn man es wieder aufgeben sollte«.

Auch Erich Fromm wusste, wie wichtig die achtsame »Kunst der Konzentration« für unser Leben und das Hier und Jetzt ist. Der Sozialpsychologe und Philosoph rät zum »Allein-sein-Können« als wichtigstem ersten Schritt, um der Konzentrationsunfähigkeit entgegenzuwirken – ohne zu lesen, Radio zu hören, zu rauchen oder zu trinken, da sich konzentrieren zu können dasselbe bedeute, wie mit sich allein sein zu können. Fromm machte in seiner berühmten ›Kunst des Liebens‹ deutlich, dass Liebes- und Glücksfähigkeit nur entwickeln kann, wer zu Geduld und Konzentration fähig ist.

So ist es beim Multitasking als äußerlich scheinbar konzentriertem Verhalten schon physiologisch unmöglich, dass ihm eine aufmerksame, innere Beteiligung zugrunde liegt. Unser Bewusstsein und unser Gefühlszentrum benötigen nämlich sehr viel längere Zeitfenster, als beim Multitasking möglich sind. Für den hektischen Alltag bedeutet dies: Wer beispielsweise während des Abendessens gleichzeitig fernsieht, mit den Kindern spricht, einen Blick in die Tageszeitung wirft und an noch zu führende Telefongespräche denkt, kann dabei emotional weder richtig kommunizieren noch wahre Freude, Genuss oder Zufriedenheit erfahren.

Konzentration als eine innere, zentrierte und weltoffene Wachheit kann man auch als wichtige Disziplin der Lebenskunst verstehen, mit sich befreundet zu sein – auch für das Projekt Selfness ist es offenkundig ratsam, in dieser Kunst ein Meister zu werden. Dazu muss man sich gewisse Grundlagen aneignen, vor allem *Sinnesschulung, Mentaltraining* und *Achtsamkeit.*

Bei der *Sinnesschulung* geht es darum, die oft nur mechanisch funktionierenden, abgestumpften Sinne zu schärfen, um bewusster wahrzunehmen, zu empfinden, zu denken und zu leben. Wann haben Sie das letzte Mal bewusst gesehen oder gehört, gerochen, getastet und geschmeckt? Wie viele Sinnesoptionen haben Sie? Schmeckt das Essen nur gut oder schlecht? Hören Sie nur in den Dimensionen laut und leise? – und so weiter. Wann haben Sie sich zuletzt einer konzentrierten »Fantasiereise« hingegeben?

Die im *Mentaltraining* geförderte Hyperkonzentration spielt seit Jahrzehnten vor allem in der Raumfahrt eine wichtige Rolle. In den letzten Jahren haben sich konzentrative mentale Übungen auch in der Medizin und besonders im Sport verbreitet, wie man seit Boris Beckers einschlägigen »Mental-Diskursen« der 90er Jahre weiß. So haben etwa Skirennläufer ihre Rennstrecke schon längst vor dem Startschuss »im Geist« bewältigt – ebenso wie Schützen, Turmspringer oder Tennisspieler, bevor sie tatsächlich schießen, springen oder den Ball spielen. Golfstar Jack Nicklaus betont: »Ich spiele den Putt erst, wenn ich vor meinem geistigen Auge sehen kann, wie der Ball ins Loch fällt.«

Die positive Wirkung des konzentrierten Mentaltrainings gilt für alle Lebensbereiche. Tatsächlich sind die Konzentrationsübungen nicht nur für den Erfolg wichtig – sie sind letztlich immer Übungen in Sachen Persönlichkeitsentwicklung. Die Erkenntnis der Sportpsychologin Susan Jackson, wonach der Körper »aus dem Rhythmus gerät«, wenn man gedanklich nicht bei der Sache ist, gilt letztlich für alles Tun. Um sich zum Zentrum des Handelns zu machen – Grundlage jeder Selfness-Aktivität –, ist eine intensive mentale Vorbereitung oder Sammlung hilfreich.

In der Psychologie bedeutet Mentaltraining das systematische und intensive geistige Durchspielen einer Handlung, bevor diese ausgeführt wird. Psychologisch ist die Wirksamkeit des mentalen Trainings auf den so genannten *Carpenter-Effekt* zurückzuführen: Die alleinige konzentrierte Vorstellung einer körperlichen Bewegung, das »Visualisieren«, hat tatsächliche muskuläre oder nervliche Impulse im Körper zur Folge. Dieser Effekt spielt beispielsweise auch im autogenen Training eine große Rolle, bei dem die Vorstellung, einen »schweren Arm« zu haben, zu einer entspannten, »schweren« Armmuskulatur führt. Die körperlichen Veränderungen aufgrund mentaler Vorstellungen wie erhöhte Hauttemperatur, veränderte Pulsfrequenz oder Muskelentspannung sind nicht eingebildet, sondern können nachgewiesen und gemessen werden.

Mentales Training ist in der psychologischen Alltagspraxis meist Teil einer übergeordneten Vorbereitung, die der vorbeugenden Stressreduzierung – oder »Stressimpfung« – bezüglich *jeder* Leistungs-, Problem- oder Krisensituation dient. Der Psychologe Daniel Meichenbaum unterscheidet vier Phasen:

- Gedankliche Vorbereitung auf die zu erwartenden Stressoren (beim Sport: mögliche Ablenkung durch Zuschauer, Gegner, Flutlicht, Lärm und so weiter)
- Bewusste Konfrontation und Einübung mit dem Stressor (im Büro: »Das Telefon lenkt mich nicht ab«; »Der provozierende Kollege lässt mich völlig kalt«)

- Überwindung des Abgelenktwerdens (»Ich konzentriere mich bewusst auf meine Arbeit«)
- Stützende Eigensuggestionen (»Meine Technik funktioniert perfekt«)

Solche mentale Vorbereitung führt in aller Regel zu einer Art Hyperkonzentration, die von allem anderen abschirmt.

Da alle Arten von mentalem Training und mentaler Vorbereitung einen entspannten Zustand voraussetzen, werden sie ausnahmslos zusammen mit Entspannungsverfahren wie autogenem Training, Atemübungen, Progressiver Relaxation (Muskelentspannung), Yoga und so weiter eingeübt und durchgeführt.

Achtsamkeit als »östliche« Form der Konzentration ist so bedeutsam, weil sie in einem sehr viel umfassenderen Sinne als die »westliche« Konzentration dem klassischen Glücksideal des »Augenblick, verweile doch, du bist so schön« entspricht: Achtsamkeit führt zur Lebenshaltung einer in sich gelassenen und freundlich-friedlichen Gestimmtheit. Das Jetzt ist als Erfahrungsmoment deswegen so wichtig, weil es die »einzige Möglichkeit für uns ist, wirklich heil und gesund zu werden«, wie der Verhaltensmediziner Jon Kabat-Zinn betont.

Wer auf seinem Selfnessweg von der Kunst der Achtsamkeit profitieren und sie genauer kennen lernen möchte, um innezuhalten, Körper und Selbst dem Glück des Augenblicks und der heiteren Gelassenheit zu öffnen, der kann auf den Schritten des *Pfades der Achtsamkeit* wandeln:

- *Wertfreiheit* Machen Sie sich bewusst, dass Sie andauernd damit beschäftigt sind, auf innere und äußere Erfahrungen zu reagieren oder sie zu beurteilen. Fangen Sie an, diese Dinge mit Abstand zu betrachten.
- *Akzeptanz* Lernen Sie, *jeden* Augenblick als absolut vollwertig zu betrachten. Vollziehen Sie keine verstandesmäßigen

Wertungen, sondern nehmen Sie die Erfahrungen so an, wie sie auftauchen.

- *Geduld* Erfahren Sie, dass die einzelnen Augenblicke unseres Lebens nicht mit rastlosem Tun und Denken gefüllt werden müssen, um ihnen Bedeutung zu verleihen. Geduldig zu sein bedeutet zu wissen, dass alles seine eigene Zeit hat.
- *Besonderheit* Entwickeln Sie eine innere Einstellung der Offenheit, um zu erfahren, dass kein Augenblick dem anderen gleicht, sondern jeder einzigartig ist und einzigartige Möglichkeiten in sich birgt.
- *Vertrauen* Je mehr Vertrauen Sie für das eigene innere, grundlegende Ganz-Sein entwickeln, desto besser können Sie es auch in Ihren Mitmenschen sehen und anerkennen.
- *Loslassen* Die Gewohnheit, sich an manche Dinge zu klammern und andere abzulehnen, wird abgelegt. Stattdessen lässt man jede Erfahrung so zu, wie sie ist – und übt sich darin, sie einfach nur zu beobachten.

Dieser Pfad der Achtsamkeit wird zwar meist mit meditativen Praktiken eingeübt. Wer sich aber darauf einlässt, wird auch in seinem Alltag dafür sehr schnell sensibilisiert und Fortschritte machen. Versuchen Sie einfach, sich zu entspannen und die Bedeutung der jeweiligen Schritte zu »erspüren«.

Am effektivsten hilft dabei der Atem. »Das Atmen ist etwas äußerst Beruhigendes«, erklärt Achtsamkeitslehrer Jon Kabat-Zinn, »sich auch nur für kurze Zeit darauf zu konzentrieren, erinnert uns daran, dass unterhalb der aufgepeitschten Oberfläche unserer Gedanken und Gefühle tiefe Ruhe und Frieden herrschen.« Versuchen Sie einige Minuten, ruhig und bewusst ein- und auszuatmen.

Übung: **Achtsames Atmen**

Für die alltägliche Praxis der Achtsamkeit empfiehlt der Buddhist Thich Nhat Hanh folgende kleine Atemübung: Sammeln Sie sich und sprechen Sie diese vier Aussagen still zu sich, während Sie bewusst ein- und ausatmen:

(1) Beim Einatmen schenke ich meinem Körper Ruhe
(2) Beim Ausatmen lächle ich
(3) Ich verweile im gegenwärtigen Moment
(4) und weiß, es ist ein wunderbarer Moment

Auch wenn es ungewohnt ist: Versuchen Sie es einfach – Ihrer Selfness zuliebe.

Achtsamkeit bedeutet also, die Aufmerksamkeit im Jetzt zu verankern. Achtsames Handeln ist gerade deswegen von einer so weittragenden alltäglichen Bedeutung, weil es nahezu überall praktiziert werden kann: beim Gehen, Stehen, Zuhören, Reden, Essen und Arbeiten. Oder beim Abspülen: »Sie brauchen den Abwasch nicht unbedingt schnell und irgendwie hinter sich zu bringen«, erkannte Kabat-Zinn, »um endlich Zeit für die anderen, wichtigeren und interessanteren Dinge des Lebens zu haben, weil eben jener Moment, in dem Sie den Abwasch erledigen, Ihr Leben ist. Das Jetzt, dieser Augenblick, ist Ihr Leben, diese Minute, dieser Tag, nicht der morgige. Wir vergeuden unendlich viel kostbare Zeit, wenn wir nicht begreifen, dass unser Leben aus den unzähligen Augenblicken des Jetzt besteht, denen wir unsere Aufmerksamkeit schenken müssen, anstatt in Gedanken immer woanders zu sein. Versuchen Sie also, jede Tasse, jeden Topf und jeden Teller bewusst zu erfassen, nehmen Sie jede Bewegung wahr, die der Körper beim Abspülen ausführt, wie auch den Atem und die Vorgänge in Ihrem Geist.«

Und was fürs Abwaschen gilt, kann auch beim Treppensteigen nicht so falsch sein. So rät Kabat-Zinn zur gar nicht trivialen Formel: »Wenn ich jetzt diese Treppen hochgehe, weiß ich, dass ich es tue.« Die Tatsache, dass Achtsamkeit bedeutet, zu sehen und zu wissen, dass man sieht, hört und weiß, dass man fühlt, wie man die Treppe hochgeht, und weiß, dass man es tut, heißt nicht etwa nur, dies als reine kognitive Idee oder Vorstellung zu denken, es bedeutet vielmehr »Augenblick-für-Augenblick-Gewahrsein der Erfahrung des Treppensteigens«.

Konzentration und Achtsamkeit sind insgesamt eine unverzichtbare Grundlage für Selfness, weil jede konzentrierte und achtsame Lebenspraxis gewohnte Verhaltensautomatismen und gedankenlose Routinen aufbricht. Man kann sich daher Schritt für Schritt mehr in die Gegenwart zentrieren und so alle zur Verfügung stehenden Energien und Ressourcen besser nutzen.

Zum guten Schluss: Wenn alle Versuche, sich zu konzentrieren, zunächst nur wenig zu bringen scheinen, empfiehlt der Konzentrationspsychologe Tom Wujec, einfach so zu tun als ob: »Stellen Sie sich vor, Sie seien in Ihre Arbeit völlig vertieft. Fragen Sie sich, welche Haltung Ihr Körper einnehmen würde, wenn Ihr Geist konzentriert wäre. Wie würde es sich anfühlen, interessiert zu sein? Worüber würden Sie nachdenken, wenn Sie Ihre Aufmerksamkeit gezielt und sparsam einsetzten?« Wenn Sie diese Übung durchführen, verspricht der Psychologe, »wird sich die Konzentration von selbst einstellen«.

Kreativität

Sie halten sich in Sachen kreatives Erfinden für völlig unfähig? Die anderen haben immer die besseren Ideen? Sie bedauern, dass Sie nicht schlagfertig sind? Wie Sie sehen werden, geht Ihr Empfinden an der Realität vorbei – Ihre Kreativitätspotenziale liegen nur brach.

Aber auch für den Fall, dass Sie sich für sehr schöpferisch halten: Diese Stärke kann noch nachhaltig verbessert werden.

Kreativität und Kreativsein zählen in der modernen Dienstleistungsgesellschaft zu den absolut notwendigen Tugenden. Und zwar in ausnahmslos allen Lebensbereichen: im Beruf, in Mode und Management, in Politik (»Neue Visionen«) und Wissenschaft (»Neue Paradigmen«) oder im Sport – wie allein schon die Sprache so genannter »Kreativabteilungen« von Fußballmannschaften bezeugt. Keine Stellenanzeige, in der nicht kreative Eigenschaften des künftigen Mitarbeiters erwartet würden – und dies gilt nicht nur für die klassischen Kreativberufe in Werbung oder Publizistik.

Dass für Manager spezielle Kreativseminare und für jedermann der Kreativurlaub angeboten werden, ist ohnehin schon selbstverständlich. Die Liste ist lang und zeigt, dass Kreativität und originelles Denken offenbar zum modernen Leben gehören wie das tägliche Brot. Somit sind diese Fähigkeiten auch integraler Bestandteil von Selfness.

Nur: Was ist eigentlich Kreativität? Unabhängig davon, dass der Begriff zusammen mit Stress zu einem der langlebigsten Modewörter der letzten Jahrzehnte avancierte, sind die Meinungen, was unter kreativ zu verstehen sei, sehr verschieden. So zeigen psychologische Untersuchungen, wie breit und heterogen die Vorstellungen sind, die damit in Verbindung gebracht werden: ideenreich, entschieden, begabt, erfinderisch, schöpferisch, originell, außergewöhnlich, enthusiastisch, emsig, progressiv, künstlerisch, individualistisch und so weiter. Gibt es eine gemeinsame Klammer zu diesem bunten Eigenschaftskatalog?

Die moderne Kreativitätsforschung verdankt ihre Entstehung einem Schock – genauer: Die Amerikaner reagierten mitten im Kalten Krieg geradezu traumatisiert, als es den Russen 1957 zuerst gelungen war, einen Menschen ins All zu bringen. Der »Sputnik-Schock« ging tief: Warum haben es amerikanische Wissenschaftler nicht vorher geschafft, warum waren sie nicht erfinderisch und kreativ genug?

In der Folge waren es Psychologen unter Führung des damaligen Präsidenten der Amerikanischen Psychologen-Vereinigung J.P. Guilford, einem der renommiertesten Persönlichkeitsforscher überhaupt, die sich verstärkt mit dieser Frage beschäftigten.

Sie hoben vor allem den Unterschied zwischen konvergentem und divergentem Denken hervor. Unter konvergentem Denken versteht man das logische, streng rationale Herangehen an Probleme, das Verbinden von Informationen und Wissen. Dieses Denken funktioniert allerdings nur, wenn die jeweiligen Probleme wie bei einer mathematischen Gleichung klar umrissen sind und feste Lösungen besitzen.

Kreativität dagegen erfordert offenes, öffnend-»hinausführendes« Denken, da die jeweiligen Problemlösungen nicht von vornherein feststehen, sondern erst geschaffen werden müssen. Guilford bezeichnete es als divergent und definierte divergentes Denken als kreatives Denken. Grundcharakteristikum des divergenten Denkens: Es bewegt sich in viele Richtungen, um möglichst viele Aspekte unterschiedlicher Vorstellungen einbeziehen zu können.

Unabhängig von der Tatsache, dass es in der modernen Kreativitätsforschung viele ungelöste Fragen und Probleme gibt, kann man die wesentlichen Merkmale des divergenten, kreativen Denkens so zusammenfassen:

- *Problemsensitivität* Es ist in Wissenschaft, Wirtschaft oder Politik ebenso wichtig wie im alltäglichen Leben, Probleme als solche überhaupt erst zu erkennen. Die richtigen Fragen zu stellen ist für kreatives Handeln eine wichtige Grundbedingung.

- *Ideenflüssigkeit* Der flüssige Umgang mit dem gesamten vorhandenen Material an Ideen, Wörtern, Vorstellungen und jeweiligen Kombinationen ist ebenfalls ein wichtiger Aspekt der Kreativität. In der Forschung hat sich gezeigt, dass je mehr und je schneller Einfälle produziert werden, auch die

Qualität der Ideen steigt. In so genannten Fluency-Tests wird diese Fähigkeit beispielsweise erforscht, indem man Menschen danach fragt, wie viele Verwendungszwecke sie für einen Ziegelstein – eine klassisch gewordene Frage der Kreativitätsforschung –, ein Streichholz oder eine leere Konservendose finden.

- *Flexibilität* Dabei geht es um die spezifisch kreative Fähigkeit, Gegebenes umzuwandeln, etablierte Denk- und Handlungsordnungen zu wechseln, andere Bezugssysteme zu finden, Informationen abzuwandeln oder verschiedene Hypothesen zu formulieren.

- *Originalität* Dies ist der schwierigste Aspekt des divergenten, kreativen Denkens, da die Frage im Mittelpunkt steht, als wie neu oder selten eine kreative Lösung bewertet werden kann.

Ein weiteres allgemein anerkanntes Charakteristikum von Kreativität liegt darin, dass zwischen bisher voneinander unabhängigen Erfahrungen Beziehungen geknüpft werden, die zu neuen Denkmodellen, Ideen oder Produkten führen. Der Kreative verwertet demnach also vorhandene Informationen und frühere Erfahrungen und kombiniert sie miteinander – ganz im Sinne des häufig kolportierten Goethe'schen Ausspruchs »Kreativität ist exakte Fantasie«. Ein weiteres Kriterium: Das Produkt des kreativen Aktes ist sinnvoll, nützlich und einer Gruppe, der Gesellschaft oder der Wissenschaft dienlich.

Für die Entwicklung der Selfness ist die Tatsache wichtig, dass Kreativität von vielen Psychologen heute als Sache der Positiven Psychologie verstanden wird. »Es gibt viele gute Gründe, auch die alltägliche Lebensgestaltung als kreative Aufgabe anzunehmen«, betont beispielsweise der Heidelberger Kreativitätsforscher Rainer Holm-Hadulla. Ob in der Erfüllung der beruflichen Alltagsherausforderungen, in Beziehungen, Freundschaften, Erziehung oder der Gestaltung des eigenen Selbst: Kreative Gestaltungen sind überall gefragt.

Dies ist unmittelbar selfness-relevant, da die meisten Forscher davon ausgehen, dass Kreativität mit »großem K« – die genialen Taten eines Einstein oder Bach – und »kleinem K« – die alltäglichen »Schöpfungen« – prinzipiell ähnlich sind. Die führende amerikanische Kreativitätsforscherin Teresa Amabile drückt dies so aus: »Wir sind in unseren Vorstellungen über Kreativität viel zu festgelegt. Wir halten Kreativität für eine ganz seltene Gabe: Malern, Musikern, Dichtern und Filmemachern billigen wir Kreativität zu. Aber auch der Koch beweist Kreativität, wenn er eine eigene Variante zu einem bekannten Rezept entwickelt. Ein Maurer ist kreativ, wenn er die Ziegelsteine auf neue Weise fügt oder wenn es ihm gelingt, eine Mauer mit weniger Steinen zu errichten.«

Das bedeutet also, dass jeder Mensch kreativ ist – oder sein kann, wenn man seine Potenziale fördert beziehungsweise wieder aktiviert.

Amabile hat auch den Stand der wissenschaftlichen Forschung zum kreativen Prozess sehr pointiert im Sinne eines »kreativen Eintopfes« zusammengefasst. Gleich einem guten Eintopf hat Kreativität drei entscheidende Zutaten:

- *Fachwissen* Egal ob im Atelier des Künstlers, im kernphysikalischen Labor des Wissenschaftlers oder in der Küche des Hobbykochs – ohne handwerkliche Kompetenzen wird es auf keinem Gebiet kreative Leistungen geben.

- *Kreative Denkfertigkeiten* Für alle mentalen Fähigkeiten, die Welt gedanklich immer neu zu ordnen, gilt: »Sie sind wie die Gewürze und Kräuter, mit denen man den Geschmack der Grundzutaten eines Eintopfes erst richtig zur Geltung bringt.« Zu solchen kreativen Strukturkompetenzen zählt, dass man sich lange auf ein Problem konzentrieren kann, hohe Ansprüche an die eigene Arbeit stellt und die Dinge aus ganz neuen Perspektiven zu betrachten vermag – »zum Beispiel das Ungewohnte als das Übliche und das Übliche als das Ungewohnte«.

Für Amabile hängen diese Fähigkeiten eng mit einer gewissen persönlichen Unabhängigkeit zusammen, da sie die Bereitschaft voraussetzen, Risiken einzugehen, und den Mut erfordern, etwas zu versuchen, was man vorher noch nie getan hat.

- *Persönliche Hingabe und Leidenschaft* sorgen für den vollendeten Eintopf: die intrinsische Motivation als Fähigkeit und Bereitschaft, etwas um der reinen Lust an der Sache willen zu tun, und nicht, um dafür äußere Anerkennung, Geld oder andere Belohnungen zu bekommen. Diese Leidenschaft sei das »Feuer unter dem Suppentopf«, das alles aufheize, die Aromen vermische und aus den Gewürzen und Grundzutaten schließlich ein »köstliches Gericht« entstehen lasse.

Test 3: **Sind Sie kreativ?**

Aufgabe 1:

Angenommen, alle Menschen wären mit sechs Fingern an jeder Hand auf die Welt gekommen statt mit fünf. Überlegen Sie sich, welche Konsequenzen das haben könnte, und listen Sie diese Konsequenzen auf. Nehmen Sie sich dafür drei Minuten Zeit.

____

____

____

Aufgabe 2:

Listen Sie so viele weiße essbare Dinge auf, wie Ihnen in drei Minuten einfallen.

____

____

____

Aufgabe 3:
Listen Sie alle Wörter auf, die Ihnen spontan zu dem Stichwort »Mutter« einfallen. Nehmen Sie sich dafür drei Minuten Zeit.

Aufgabe 4:
Listen Sie alle Verwendungsmöglichkeiten auf, die Ihnen zu »Ziegelstein« einfallen. Nehmen Sie sich auch dafür drei Minuten Zeit.

Die Auswertung finden Sie auf S. 199.

Test 4: **Das Neun-Punkte-Problem**

Verbinden Sie alle neun Punkte durch vier gerade Linien, ohne den Stift abzusetzen.

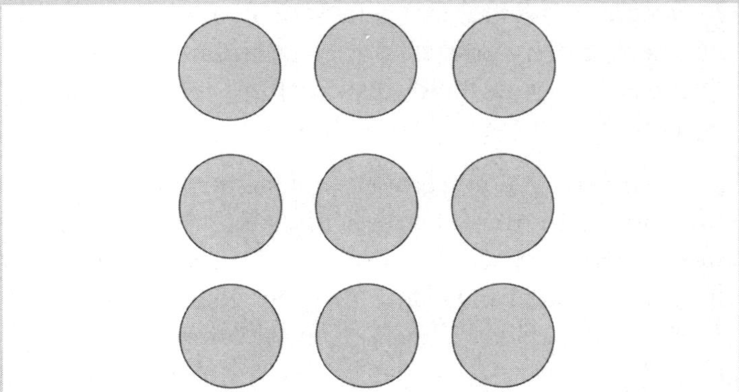

Die Lösung finden Sie auf S. 200.

Das wohl berühmteste Beispiel der Ideengeschichte für einen zündenden, kreativen Akt ist das »Heureka!« – »Ich hab's!« – des Archimedes.

Der König von Syrakus stellte den berühmten Wissenschaftler vor ein scheinbar unlösbares Problem: Ob die für ihn angefertigte Krone wirklich aus reinem Gold gemacht sei, wollte der Herrscher wissen. Man kannte zwar das spezifische Gewicht des edlen Metalls, aber wie sollte es möglich sein, das Volumen einer filigran verarbeiteten Krone zu bestimmen, ohne sie zu zerstören oder wieder einzuschmelzen? Archimedes grübelte und grübelte – allerdings nur über die Krone und deren Gestalt. Als er einige Wochen später ins Bad stieg, kam ihm dann plötzlich die Lösung: Die Krone verdrängt genauso viel Wasser, wie sie Volumen hat – Heureka!

Bei Archimedes lässt sich bildlich nachvollziehen, was die moderne Kreativitätsforschung als allgemeines Vier-Phasen-Modell des *kreativen Prozesses* beschreibt:

(1) *Vorbereitung* Oft geht der eigentlichen Problemlösung eine lange Phase intensiver Bemühungen und erfolgloser Suche voraus (von Archimedes ist überliefert, dass er sich wochenlang das Gehirn zermarterte).

(2) *Inkubation* Das Problem gerät scheinbar in Vergessenheit, beschäftigt den Geist allerdings unterhalb der bewussten Ebene weiter. Diese häufig als »fruchtlos« erlebte Phase geht dann unmittelbar über in die Illumination.

(3) *Illumination* Wie alle großen und kleinen Beispiele kreativer Lösungen, Aha-Erlebnisse und »Durchbrüche« zeigen, sind Ort und Zeit der Erkenntnis meist vollkommen zufällig: Zur »Erleuchtung« kann es in der Badewanne – wie bei Archimedes –, beim Spazierengehen, Fernsehen oder Träumen kommen.

Die Einsicht selbst kommt genauso plötzlich, wie sie mit einem Gefühl der Sicherheit einhergeht: Genau das ist es!

(4) *Verwirklichung* Auch wenn diese Phase mit dem schöpferischen Akt an sich nur oberflächlich zusammenhängt, ist sie insofern wichtig, als in ihr die Lösung rational geprüft und gleichsam »in die Welt« gebracht wird.

Das Phänomen der Kreativität kann prinzipiell nicht auf jeweilige kreative Prozesse beschränkt bleiben, sondern muss auch im Hinblick auf die *kreative Persönlichkeit* gesehen werden.

Der bekannte Vertreter der Positiven Psychologie Mihaly Csikszentmihalyi beschäftigte sich mehrere Jahre lang sehr intensiv mit dem Leben von über fünfzig besonders kreativen Menschen in den unterschiedlichsten Lebensbereichen. Er fragte nicht danach, was Kreativität ist, sondern wo sie entsteht. Seine grundlegende Antwort: Jeder Kreative und jeder kreative Akt entwickelt sich in einem bestimmten Kontext, zu dem Freunde oder Familie genauso zählen wie Lebensabschnitte, Landschaften oder die jeweilige Arbeitsumgebung. »Kreativität ist Ausdruck eines komplexen Systems«, schreibt der Persönlichkeits- und Sozialpsychologe, »und keine einzelne Komponente kann das Ganze erklären.«

Eine komplexe Persönlichkeit ist daher per definitionem auch eine kreative Persönlichkeit. »Wenn ich mit einem Wort zusammenfassen sollte«, so der weltberühmte Psychologe, »was die Persönlichkeit kreativer Menschen von anderen unterscheidet, so wäre es Komplexität.« Wie die Farbe Weiß vereinigen sie nämlich widersprüchliche Extreme in sich – sie bilden für Csikszentmihalyi keine individuelle Einheit, sondern eine individuelle Vielheit.

So gebe es Menschen, die nicht sehr differenziert seien: Sie halten an einigen wenigen Ideen, Ansichten oder Gefühlen fest. Sie sind berechenbar und wirken »langweilig, eindimensional, starr«. Andere wiederum äußern vielfältige Ansichten, sind wandelbar, streben ständig neue Ziele an, ohne ein Zentrum, Kontinuität oder eine Leidenschaft zu besitzen: »Keine dieser beiden Daseinsformen ist besonders befriedigend.«

Fasst man die Befunde Csikszentmihalyis zur kreativen Persönlichkeit und ihrer Komplexität zusammen, ergibt sich das vermeintlich widersprüchliche Charakterbild des kreativ-komplexen Menschen – bei genauerem Hinsehen kann man es wie eine andere Definition von Selfness verstehen:

- Sie verfügen über viel physische Energie, sind aber auch häufig ruhig und entspannt.
- Sie sind meist weltklug und -offen und zugleich naiv.
- Sie zeichnen sich durch eine paradox anmutende Verbindung aus Spielerischem und Disziplin oder Verantwortungsgefühl und Ungebundenheit aus.
- Sie verfügen über Fantasie und Imagination einerseits und einen bodenständigen Realitätssinn andererseits.
- Sie tendieren mal zu introvertiertem, mal zu extravertiertem Verhalten.
- Sie sind häufig auf eine merkwürdig erscheinende Weise gleichzeitig voller Stolz und Demut.
- Sie können sich von einer rigiden männlichen oder weiblichen Rollenverteilung freimachen und neigen zu einer »psychologischen Androgynität«: Unabhängig vom biologischen Geschlecht können sie gleichzeitig aggressiv und fürsorglich, sensibel und hart, dominierend und nachgiebig sein.
- Sie gelten oft als rebellisch und unabhängig.
- Sie zeigen in den meisten Fällen sehr viel Leidenschaft für ihre Arbeit und begegnen ihr gleichzeitig mit großer Objektivität.
- Sie sind offen sowohl für Schmerz oder Leid wie für intensive Freude.

1 - 2
2 - 3
3 - 2
4 - 3
5 - 4

Achtsames Atmen

Beim Einatmen schenke ich meinem
Körper Ruhe
Beim Ausatmen Lächle ich

Ich verweile im gegenwärtigen Moment

und ich weiß, es ist ein wunderbarer
Moment

Die Kreativitätsforschung beschreibt acht maßgebliche Faktoren, die einen kreativen Menschen kennzeichnen bzw. die erklären, was Kreativität ausmacht:

(1) Fähigkeit zur *Entdeckung und Identifizierung von Problemen:* Kreative Menschen erkennen Widersprüche, Unverträglichkeiten und Lücken im Wissen und stellen Gewohnheiten und herkömmliche Denk- und Verfahrensweisen infrage.

(2) *Überdurchschnittliche Frustrationstoleranz*: Kreative sind in der Lage, innere Spannungen zu ertragen. Sie erleben Misserfolge, ohne entmutigt zu werden.

(3) Fähigkeit, *spielerisch eine Vielzahl von Einfällen zu produzieren*: Kreative Menschen verknüpfen Assoziationen, Vorstellungen, Symbole, Ideen und so weiter. Zwanglos und ohne Scheu vor Festlegungen. Man bezeichnet diese Fähigkeit auch als »Fluency« (Flüssigkeit).

(4) *Flexibilität*: Kreativität bedarf der Fähigkeit zur Neuorganisation von Wissen und Erfahrung, zur Änderung von Meinungen, Erwartungen und Einstellungen.

(5) Überdurchschnittliche *Energie*: Der Kreative setzt sich immer wieder erneut mit dem Problem auseinander und ist deshalb in der Lage, zwischenzeitlich auftretende Schwierigkeiten, Hindernisse oder Fehlschläge durch mehrere konstruktive Teil- oder Zwischenlösungen oder durch eine Neuformulierung des Problems zu überwinden.

(6) Überdurchschnittlich sichere *Urteilskraft und Bewertungsfähigkeit:* Diese Qualitäten helfen beim Erkennen von Problemen und bei der Identifizierung der aussichtsreichen Lösungsansätze.

(7) *Breit gefächertes* und in bestimmten Bereichen *gründliches Wissen*: Dieser Faktor ist eine Folge starker Motivation. Motiviertes und damit stringentes Verhalten führt stets zur

Aufnahme derjenigen Informationen, die Mittel und Voraussetzungen sind, um Ziele zu erreichen.

(8) Die Fähigkeit, die gefundene kreative Lösung zu *kommunizieren*: Die Kommunikation kann über Worte, Farben, Töne, Bilder, Symbole oder Formeln erfolgen. Erst wenn es gelungen ist, die gefundene Lösung anschaulich zu vermitteln, kann sie im Idealfall von anderen akzeptiert werden.

Im Folgenden haben wir für Sie einige wichtige Kreativitätsübungen und -tools zusammengestellt: Ihr persönliches Selfness-Kreativitätsseminar.

Seminar: **Kreativität im Selfnessalltag**

Leben Sie kreativer!

Der amerikanische Kreativitäts- und Flowforscher Csikszentmihalyi ist wie viele Forscherkollegen überzeugt, dass jeder Mensch kreativ ist bzw. eine kreativere Lebenseinstellung entwickeln kann, wenn er es (wieder) lernt, zwischen lockerem, offenem Denken und strengem, diszipliniertem Denken zu wechseln. Dazu muss man vor allem die Neugier und Achtung »vor dem Wunder des Lebens« lebendig werden lassen.

Csikszentmihalyi fand einfache Möglichkeiten, wie man diesen auch für die Selfnessentwicklung zentralen Königsweg kreativitäts- und persönlichkeitsfördernder Neugier finden kann:

(1) Versuchen Sie jeden Tag, über irgendetwas erstaunt zu sein. Egal, ob Sie über etwas, das Sie sehen, hören oder lesen oder über Ihre eigenen Gedanken staunen: Das Leben ist nichts anderes als ein Strom von (merk-würdigen) Erfahrungen – je weiter Sie schwimmen, je tiefer Sie eintauchen, desto reicher wird Ihr Leben sein. Halten Sie fest, was Sie zum Staunen gebracht hat. Sehr viele kreative Menschen führen ein Tagebuch, machen sich Notizen oder schreiben Arbeitsberichte, um ihre Erfahrungen für sich selbst fassbarer zu machen.

(2) Durchbrechen Sie die Routine Ihrer Aktivitäten. Probieren Sie Neues aus! Lesen Sie morgens eine andere Zeitung, nehmen Sie einen anderen Weg zur Arbeit, gehen Sie woanders als gewöhnlich essen. Besuchen Sie einmal ein Konzert, bei dem Sie nicht Ihre Lieblingsmusik erwartet – und so weiter.

(3) Gewöhnen Sie sich an, Ihrem Gefühl auf den Grund zu gehen, wenn Sie für eine Sache auch nur einen Funken Interesse verspüren. Wenn etwas unsere Aufmerksamkeit findet – ein Gedanke, ein Lied, eine Blume –, bleibt der Eindruck meist kurz und flüchtig. Kreative dagegen geben sich solchen Empfindungen sehr aufmerksam hin.

Der amerikanische Kreativitätsforscher verspricht im Übrigen, wenn man anfange, darüber nachzudenken, wie man diese Ratschläge am besten verwirklichen könne – und sie dann tatsächlich umsetzt –, werde man merken, dass unter der Oberfläche der Alltagserfahrungen etwas in Bewegung gerate und neue Möglichkeiten auftauchen: »Was Sie spüren, ist die Ansammlung der kreativen Energie, die Wiedergeburt der verkümmerten kindlichen Neugier.«

Die wichtigsten Kreativtechniken

- **Brainstorming** Die Idee des Brainstormings geht auf den Psychologen Alex Osborne zurück, der durch diese Methode Blockaden des kreativen Denkens aufheben wollte. Auch Osborne geht davon aus, dass jeder Mensch über ein kreatives Potenzial verfügt, das er allerdings in Abhängigkeit von hemmenden kulturellen, schulischen oder familiären Einflüssen nur bedingt entfalten kann. Die Aufgabe eines Kreativtrainings liegt deshalb weniger darin, kreative Fähigkeiten direkt zu entwickeln oder zu fördern, als darin, die inneren Blockaden abzubauen, die das kreative Denken und Handeln hemmen.

  Brainstorming wurde und wird in vielen Gruppensitzungen angewendet, es eignet sich aber auch hervorragend für den individuellen Selfnessgebrauch. Der Effekt und die Regeln bleiben dieselben: Schreiben Sie in der Gruppe oder alleine in den nächsten zehn oder fünfzehn Minuten alles auf, was Ihnen zu einem Problem oder Thema einfällt! Alles heißt alles: Jede noch so absurd oder abwegig erscheinende Idee zählt, Vernunft und Logik spielen keine Rolle, (Selbst-)Kritik jeder Art ist verboten. Legen Sie einfach los, überlassen Sie sich dem frei fließenden Strom von Assoziationen. Ganz nach dem chinesischen Sprichwort »Der beste Weg, viele Fische zu fangen, ist, viele Angeln auszulegen« kommt es darauf an, möglichst viele Ideen zu produzieren. Wie Sie sehen werden, besitzt jede Lösungsassoziation, ob fundiert oder völlig abenteuerlich, einen gewissen Wert.

Übung: Nehmen Sie ein Blatt Papier und schreiben Sie *alles* auf, was Ihnen zum Stichwort Selfness einfällt. Alles meint alles – ohne irgendwelche Bewertungen. Nehmen Sie sich mindestens 15 Minuten Zeit.

Am Ende bewerten Sie Ihren Output anhand folgender Fragen: Welcher dieser Aspekte, Fähigkeiten, Hintergründe, Entwicklungen, Ideen und so weiter berührt Sie am meisten, ist Ihnen am (un)wichtigsten, erscheint Ihnen am überraschendsten? Welche Idee sollten oder müssen Sie sofort aufgreifen? Was kann vernachlässigt werden?

- **Perspektivwechsel** Kreativ sein heißt per definitionem neue Sicht- und Handlungsweisen zu finden. Von Kreativitätsforschern empfohlen und praktisch bestens bewährt hat sich hier die *Rollen-Kreativitätsstrategie.*
  Dabei spielen Sie nacheinander verschiedene Rollen und gestalten und erleben die Dinge aus der Träumer-, Kritiker- und Macherperspektive. Wählen Sie dazu verschiedene Räume oder zumindest Stühle.
  Träumer-Raum (oder -Stuhl) Hier werden Visionen geboren. Sie können nach Herzenslust fabulieren und fantasieren, was Ihre Vorstellung hergibt – je verrückter, desto besser.
  Kritiker-Raum Hier wird das Ganze kritisch, sehr detailliert, ja kleinlich hinterfragt, auseinander genommen und wieder zusammengesetzt.
  Macher-Raum Hier wird das Praktische beleuchtet: Wie kann man es umsetzen? Geht das überhaupt? Will man es wirklich? Lohnt sich die Mühe? Welche Probleme könn(t)en damit verbunden sein?
  Machen Sie vor und nach jedem Rollen- und Perspektivwechsel eine kleine Pause. Versuchen Sie am Ende, die drei Stimmen in einen »Trialog« zu führen – Sie werden überrascht sein.

■ **Mind-Mapping** Das Mind-Mapping zählt mit dem Brainstorming zu den wichtigsten Kreativtechniken. Dem Mind-Mapping liegt die Einsicht zugrunde, dass unsere Gedanken nicht rational und logisch aufeinander aufbauen, sondern oft atemberaubend unlogische Sprünge machen, wenn wir ihnen freien, assoziativen, also kreativen Lauf lassen.

Das Prinzip ist einfach: Wie in der Abbildung gezeigt, fängt man in der Mitte der Seite an und schreibt das anstehende Problem kurz und prägnant ins Zentrum. Danach zieht man von diesem Zentrum ausgehend Linien. Auf diese schreibt man nun alle Ideen, die einem einfallen, als kurze Schlüsselwörter auf.

Der eigenen Kreativität sind bei dieser Methode keine Grenzen gesetzt: Man kann je nach Bedeutung in Groß- und Kleinbuchsta-

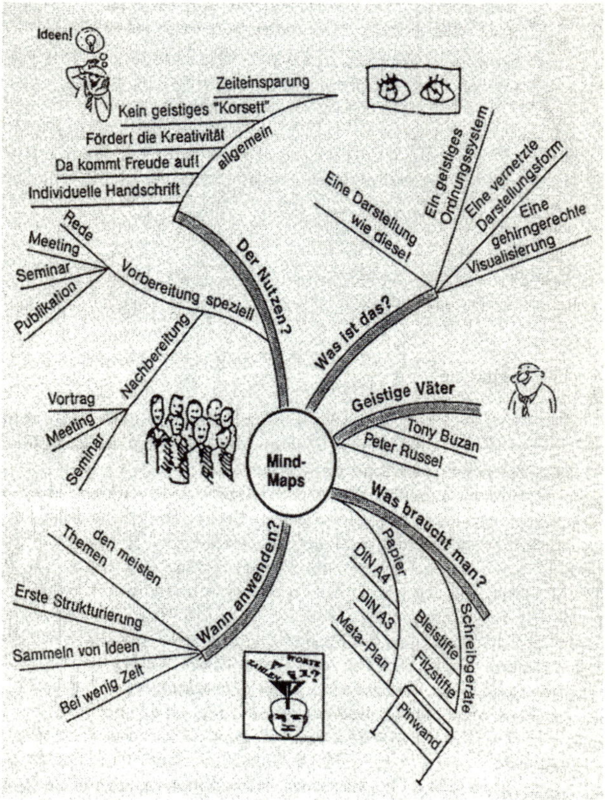

ben schreiben, Farben verwenden, Bilder, Grafiken, Piktogramme, Symbole und so weiter einsetzen, beliebige Zweige bilden, Verbindungen zu anderen Ideenbereichen herstellen und so weiter. Arbeiten Sie auch mit Pfeilen oder Schleifen!

- **Analogien bilden** Üben Sie ganz bewusst, zu vorgegebenen Problemen oder unübersichtlichen Problemstrukturen Analogien oder Metaphern zu finden.

  Was ist zum Beispiel die Liebe? Liebe ist wie ...? »Love is a battlefield«, sang Pat Benatar, und Franz Kafka fand: »Die Liebe ist unproblematisch wie ein Fahrzeug – problematisch sind die Fahrgäste, der Weg und die Umgebung.«

  Oder wie ist der neue Job? Wie ein neuer Anzug: Im Geschäft sieht er prima aus, aber wenn man erst einmal damit herumläuft, merkt man, wo die Nähte drücken.

  Und wie fühlen Sie sich morgens? Wie ein Bär, kräftig und stark? Oder wie ein Sonnenaufgang über dem Atlantik oder den Alpen?

Probieren Sie es – und gewöhnen Sie sich im Alltag daran, bewusst solche bildhaften Vergleiche, Analogien und Metaphern zu suchen! Ihrer die Selfness fördernden Kreativität zuliebe.

Beispiel: Meine Firma ist wie ...

... ein Dschungel

Übertragen Sie nun dieses Bild auf Ihren (Firmen-)Alltag – und gehen Sie gewissermaßen darin spazieren. Notieren Sie alles, was Ihnen spontan dazu in den Sinn kommt! Zur Firma als Dschungel beispielsweise:

Kollege Müller ist eine Schlange – ein verschlagenes Raubtier, pirscht sich immer an, wenn niemand damit rechnet; da gibt es noch mehrere, aber auf ihn muss ich besonders aufpassen! Überhaupt kämpft jeder nur für sich, da ist keine Solidarität – von kollegialem Miteinander ganz zu schweigen; ich möchte zwar auch nicht den Balu spielen, aber wie kann man das ändern? Prinzip Mogli vielleicht ...

Diese Kreativitätstechnik können Sie bei jedem Problem anwenden.

Ganz grundsätzlich rät der amerikanische Forscher Roger Peters zur Beachtung und Einübung folgender acht Kreativitätsgebote:

(1) Entspannen Sie sich! Es gibt genügend Hinweise, dass Kreativität eine ruhige, aufnahmebereite Haltung erfordert, um überhaupt in Gang zu kommen.

(2) Wenden Sie die Techniken des Brainstormings und Mind-Mappings an und üben Sie sich im Freidenken und Freischreiben! Seien Sie impulsiv: Schalten Sie Ihren kritischen Monitor aus und lassen Sie ihn ausgeschaltet, bis Ihnen die Ideen ausgehen.

(3) Analysieren und kombinieren Sie! Stellen Sie das Problem auf den Kopf. Setzen Sie systematische Kombinationen für die kleinsten greifbaren Einheiten. Probleme der realen Welt haben zahlreiche Merkmale: Wählen Sie daher ein großes Tabellenformat.

(4) Abstrahieren Sie! Kehren Sie wieder zu einer hierarchischen Perspektive zurück und analysieren Sie von oben nach unten. Schreiben Sie nötigenfalls Ihr Problem nieder und ersetzen Sie jeden Ausdruck durch die allgemeinste übergeordnete Kategorie, die Sie finden können. Beschreiben Sie Ihr Problem in der allgemeinsten Form.

(5) Nehmen Sie es anschließend in sich auf! Gehen Sie völlig in dem Gebiet auf, das Sie bearbeiten wollen. Nehmen Sie es beim Essen, beim Trinken, Schlafen und Träumen auf. Kreativität hängt von guter Beherrschung des Gebietes ab.

(6) Verbeißen Sie sich nicht in ein Problem! Wenn Sie einmal nicht weiterkommen, dann arbeiten Sie an etwas anderem weiter, zum Beispiel an Ihrem Entwurf eines vollkommenen Schreibtisches oder einer Neuordnung Ihres Büros. Ihr eigentliches Projekt sollte Sie dabei nicht beschäftigen, aber gleichwohl in Sichtweite bleiben.

(7) Suchen Sie nach Metaphern, während Sie brüten! Wenn Ihnen eine Analogie oder eine andere Idee kommt:

(8) Probieren Sie sie aus! Durch Passivität ist noch niemand zu einer neuen Erkenntnis gekommen.

Für die Selfnesspraxis möchten wir darauf hinweisen, dass der beschriebene Pfad der Achtsamkeit auf frappierende Weise einer besonderen Spielart des kreativen Denkens und Alltagshandelns gleicht, den die amerikanische Sozial- und Positive Psychologin Ellen Langer als »Aktives Denken« (Mindfulness) erforscht und beschrieben hat.

In Aufsehen erregenden Untersuchungen konnte Langer nachweisen, dass solch aktives, kreatives Denken – ganz im Gegensatz zur unkonzentrierten, mechanischen und routinemäßigen Gedankenlosigkeit – voller Aufmerksamkeit, Nachdenklichkeit, Perspektivenvielfalt, Konzentriertheit und nuancierter Offenheit eine Anteilnahme und Lebendigkeit aufweist, die gesundheitsfördernd und lebensverlängernd wirken.

Langer definiert aktives Denken geradezu als Synonym für Kreativität – und umgekehrt: Beide Begriffe bezeichnen für sie nur zwei Erscheinungsformen, denen der gleiche Geist und die gleiche Lebenseinstellung zugrunde liegen. Tatsächlich können im Alter kreatives Denken, Handeln und Leben sogar noch intensiver sein als in jungen Jahren – die Forschung dokumentiert jedenfalls, dass alte Menschen oft bessere Ideen produzieren als junge.

Wie Langer gezeigt hat, ist dabei auch die zwar häufig programmatisch formulierte, aber noch lange nicht Programm gewordene »Entdeckung der Langsamkeit« ein viel versprechender individueller wie kollektiver Grundentwurf eines kreativen Alltagslebens. Um aber von einer passiven, außengeleiteten Konsumhaltung in den Selfnessmodus »aktive Lebensführung« umschalten zu können, muss man erst verschüttete Lebensqualitäten wie eine alle Sinne umfassende Aufmerksamkeit sowie Körper und Seele betreffende Achtsamkeit wiederentdecken – in der Ruhe liegt offensichtlich viel kreative Kraft.

Die Klugheit des achtsamen Lebensstiles besteht so gesehen auch darin, dem klassischen Lebensideal des »Augenblick, verweile doch, du bist so schön« in allem, was man macht, näher zu kommen, Verwurzelung und inneren Frieden zu finden und so den Boden für kreatives Denken und Handeln zu legen. Kurz: im viel beschworenen Hier und Jetzt aufzugehen, mitten im jeweiligen Zentrum des Geschehens zu sein.

Einen insgesamt kreativen und achtsamen Lebensstil zu kultivieren, ist also unter mehreren Aspekten für die Persönlichkeit von Nutzen. Wenn man es negativ formuliert, werden die Selfness-Akzente noch deutlicher: Wer nicht achtsam und kreativ leben kann, wird früher krank, schneller alt – und kann sich nicht selbst verwirklichen.

Sozialkompetenz

Sie wissen in jedem Gespräch, was Ihr Partner gerade *genau* gesagt – und gemeint hat? Sie sind beliebt, weil Sie mit anderen nicht herablassend, besserwisserisch kommunizieren? Sie übergehen zwischenmenschliche Konflikte nicht, sondern haben ein sicheres Gespür, wie man sie zur Sprache bringt? Falls Sie solche und viele ähnliche Fragen bejahen können, verfügen Sie über die wundervolle Gabe der Sozialkompetenz.

Soziale Kompetenz ist für jede Selfnessentwicklung von zentraler Bedeutung, da sie als allgemeine Fähigkeit verstanden wird, Kommunikation und Interaktion mit anderen konstruktiv und kooperativ zu gestalten. Sozialkompetenz gilt mittlerweile häufig als Synonym für die modernen Soft Skills. So sollen Sozialkompetente im Berufsleben Kollegen oder Mitarbeiter in ihrem Handeln verstehen und mit ihnen angemessen kommunizieren, sich in Lern- und Arbeitsgruppen (Projektteams) ergebnisorientiert verhalten und Gruppeninteressen in den Vordergrund stellen.

Demnach geht es in Interaktionen prinzipiell darum, eigenes Wissen, Meinungen und Wünsche einzubringen und sich anderen verständlich zu machen. Zudem muss man anderen zuhören, sie wahrnehmen und Kritik akzeptieren können. Eigene Handlungen müssen partner-, team- oder gruppenbezogen angepasst werden.

Insgesamt ist Sozialkompetenz für Psychologen und Verhaltensforscher ein komplexes Gefüge aus Wahrnehmungs-,

Denk- und Handlungsstrukturen, das sich durch sämtliche Lebensbereiche zieht und das Zusammenleben mit anderen erst ermöglicht.

Unabhängig von den zahlreichen, teilweise stark differierenden Darstellungen ist für jede Form von Selfness der Kern der Sozialkompetenz von entscheidender Bedeutung: *kommunikative Kompetenz*. Als kommunikativ kompetent gilt, wer für konstruktive Gespräche sorgen, sich auf Gesprächspartner einstellen sowie zuhören, sich selbst behaupten und mit Konflikten gut umgehen kann.

Test 5: **Wie kommunikationskompetent sind Sie?**

Dieser Test kann Ihnen helfen, Ihre Stärken und Schwächen im Umgang mit anderen Menschen zu erkennen. Es gibt keine falschen oder richtigen Antworten, bleiben Sie aber sich selbst gegenüber immer ehrlich.

Konzentrieren Sie sich nun und beantworten Sie dann jede Frage spontan, aber selbstkritisch anhand der abgestuften Skala von (1) [stimmt überhaupt nicht] bis (5) [stimmt völlig]. Lassen Sie keine Frage aus, auch wenn sie Ihnen zunächst schwierig vorkommen sollte.

(1) stimmt überhaupt nicht – (2) stimmt manchmal – (3) teils-teils – (4) stimmt häufig – (5) stimmt völlig

1. Ich habe nicht leicht Ärger mit anderen.
2. Für meine Freunde habe ich immer ein offenes Ohr und Herz.
3. Ich weiß, dass Konflikte nicht vermieden werden können; entscheidend ist, dass man konstruktiv mit ihnen umgeht.
4. Ich verfolge in aller Regel meine Ziele ruhig und entspannt.
5. Ich finde mit praktisch allen Gesprächspartnern einen gemeinsamen Weg.
6. Ich habe keine Schwierigkeiten, wenn andere Menschen mir ihr Herz ausschütten.

7. Ich kann anderen auch unangenehme Dinge ehrlich und offen mitteilen.
8. Ich lege Wert darauf, angemessen »gehört« zu werden.
9. Ich mag es, meinen Gesprächspartnern bewusst und konzentriert zuzuhören.
10. Ich versuche Konflikte fair und konstruktiv zu lösen.
11. Ich weiß, was ich kann, und bleibe auch bei schwierigen Problemen eher ruhig und konzentriert.
12. Wenn es zu Konflikten kommt, müssen alle Beteiligten ihr Recht bekommen.

Die Auswertung finden Sie auf S. 201.

Zur Orientierung ist es sinnvoll sich bewusst zu machen, dass im Wesentlichen vier Aspekte und Fähigkeiten entwickelt werden sollten – oder müssen:

- *Aktives Zuhören* Durch konzentriertes und engagiertes Zuhören kann man dem Gesprächspartner helfen, seine Gedanken zu entwickeln oder Probleme zu lösen.
- *Konstruktive Gesprächsführung* Kommunikationsbarrieren werden vermieden oder abgebaut, wenn man auf besserwisserische, ignorante oder abfällige Verhaltensweisen verzichtet.
- *Konfliktbereitschaft* Wer in der Lage ist, kommunikative oder zwischenmenschliche Konflikte und ihre Ursachen schon früh zu erkennen und darauf einzugehen, kann moderieren und einen fairen Ausgleich finden.
- *Selbstbehauptung* Man kann andere auf konstruktive, klare und nicht-aggressive (humorvolle) Weise auf störende Verhaltensweisen aufmerksam machen, solange man Rückgrat zeigt und die eigene Identität nicht versteckt.

Machen Sie sich nun bewusst, welche Gespräche Sie gestern geführt haben – ausgenommen sind die freundlichen, aber floskelhaften Begegnungen mit dem Nachbarn oder dem Bäcker. Wie sind diese Begegnungen verlaufen:

Haben Sie Ihrem Gesprächspartner immer konzentriert zugehört?

Haben Sie vorbehaltlos konstruktiv kommuniziert?

Haben Sie im Konfliktfall ebenso konstruktiv nach einer fairen, für beide Seiten zufriedenstellenden Lösung gesucht und/oder dazu beigetragen, sie zu finden?

Wie sieht es mit Ihrem Gesprächsverhalten im Allgemeinen aus? Ist Ihr Testergebnis beispielsweise ein reales Abbild Ihres kommunikativen Alltagsverhaltens – im Beruf, in der Partnerschaft, der Familie oder der Freizeit? Sind Sie zufrieden damit? Oder möchten Sie es Ihrer Selfness zuliebe verbessern und intensivieren?

Werden Sie ein guter, ein noch besserer Zuhörer! Üben Sie sich in der wichtigen Selfnesskunst, anderen Menschen immer konzentriert, aufmerksam und achtsam zuzuhören. Beginnen Sie am besten sofort damit – Sie haben dann schon mehr als die Hälfte der sozialkompetenten »Pflichten« erledigt.

Persönlichkeitskompetenz

Sie wissen genau, wer Sie sind? Welche Stärken und welche Schwächen Sie haben? Sie sind gewohnt zu reflektieren und denken oft und gerne über sich nach? Sie können sich gut motivieren? Mit Stress gut umgehen?

Prima: Dann verfügen Sie über ein hohes Maß an Persönlichkeitskompetenz – und Ihr Chef wird möglicherweise Ihren Wert an »Humankapital« zu schätzen wissen.

Diese Schlüsselkompetenz steht per definitionem im Zentrum von Selfness als Gestaltung der eigenen Persönlichkeitspotenziale.

Wie wiederholt betont, wird der Aspekt »Persönlichkeit und Charakter« auch im postmodernen Arbeitsleben immer bedeutsamer. Der fundamentale Strukturwandel der Wirtschaft und die Globalisierung stellen an alle Beteiligten neue Aufgaben und Anforderungen. Persönlichkeitskompetenz zählt neben Sozialkompetenz zu den wichtigsten Schlüsselqualifikationen moderner beruflicher Handlungsfähigkeit.

Persönlichkeitskompetenz gewinnt aber auch unter anderen Vorzeichen an Bedeutung. So betonen Personalfachleute oder Wirtschaftsexperten immer häufiger die Qualifikation des »Humankapitals« als elementaren Wettbewerbs- und Wertschöpfungsfaktor – eine rein berufsbezogene Qualifizierung unter Ausblendung bewusster und gezielter Persönlichkeitsbildung reicht am Arbeitsplatz nicht mehr aus.

Dabei darf man Humankapital nicht als kalten Begriff missverstehen, der Menschen und Mitarbeiter auf Dinge reduziert. Im Gegenteil hat Humankapital eine sehr positive Bedeutung und ist für das Verständnis und die Praxis von Selfness eminent wichtig.

Unter Humankapital versteht man alle Fähigkeiten, Fertigkeiten, das (Experten-)Wissen und Talente, Motivation und Kreativität von Personen, die durch Ausbildung, Weiterbildung und Lebenserfahrung erworben werden. Dieses »Kapital« beschreibt die große Bedeutung qualifizierter und motivierter Mitarbeiter für die Wettbewerbsfähigkeit der Unternehmen als wesentliche Grundlage moderner Unternehmens- und Personalpolitik. Mitarbeiter sind demnach mehr als reine Produktions- und Kostenfaktoren – sie werden immer stärker als *Werttreiber und Wertschöpfungsfaktoren* verstanden.

Eine Reihe von empirischen (Groß-)Studien der letzten Jahre dokumentiert national und international die positiven Auswirkungen von Humankapital auf Wachstum und Beschäftigung – die wichtigsten sind diejenigen von Gallup und der Unternehmensberatung Arthur D. Little von 2005. Beide bestätigen die eminente Bedeutung für den Unternehmenswert –

beispielsweise im Sinne höherer Leistungsfähigkeit der Organisation (Flexibilität, Effizienz etc.), höherer Leistung (Umsatz, Rendite, Innovation, Kundenbindung etc.) oder eines höheren Markt- und Imagewertes.

Beide Untersuchungen zeigen aber auch, dass der »Humankapital-Schatz« zwar entdeckt, aber noch nicht gehoben ist.

Welche Rolle Humankapital als zukunftsweisender Aspekt von Persönlichkeitskompetenz schon heute spielt, signalisieren auch einige zentrale Entwicklungen und Entscheidungen in der (Wirtschafts-)Politik und am Finanzmarkt – schlaglichtartig zusammengefasst:

(1) Der Europäische Rat definiert Investition in Humankapital als Kernelement seiner Entwicklungsstrategie, die Europäische Union innerhalb eines Jahrzehntes zur wettbewerbsfähigsten und dynamischsten wissensbasierten Wirtschaft der Welt auszubauen.
(2) Das Bundesministerium für Wirtschaft und Arbeit initiiert eine groß angelegte Kampagne »Wissen schafft Finanzen«.
(3) Gesetzgeber und Banken verlangen bei Bewertung, Rating und Kreditvergabe von Großunternehmen und mittelständischen Unternehmen zunehmende Auskünfte und nutzen ihre Kontrollmöglichkeiten.
(4) Analysten sind sich einig, dass Eigen- und Fremdkapitalgewinnung in Zukunft auf harten quantitativen Kapital- *und* weichen Humankapitaldaten basiert.

Insgesamt gilt also, dass der Unternehmenserfolg zunehmend vom Humankapital abhängt – es ist die wichtigste Ressource im Unternehmen. »Selbst wenn mir meine Produktionsanlagen und alle meine Gebäude verloren gehen«, erkannte schon Henry Ford, »so bin ich doch zusammen mit meinen Mitarbeitern jederzeit in der Lage, mein Unternehmen wieder aufzubauen.«

Selfness hat so gesehen zwei perspektivische Bedeutungen: Sie steigert in der individuell-psychologischen Binnenperspektive den Wert der Persönlichkeit an sich – in der kapitalistisch-ökonomischen Marktperspektive dagegen den individuellen Beitrag zum organisatorischen Humankapital. Und – natürlich – den Marktwert des Individuums.

Auch bei dieser Schlüsselqualifikation gibt es zahlreiche unterschiedliche Definitionen und Modelle. Im Kern bestimmen folgende Aspekte die Persönlichkeitskompetenz: neben Glaubwürdigkeit und Offenheit insbesondere das Übernehmen von persönlicher Verantwortung, sinnvolle Selbst- oder Eigenmotivation, das Erkennen der Möglichkeiten und Grenzen der eigenen Person, Kritikfähigkeit sowie Bereitschaft zur Weiterentwicklung.

Das wohl wichtigste Kennzeichen eines Menschen mit hoher Persönlichkeitskompetenz ist seine *Stressfähigkeit* – in der Positiven Psychologie auch als Coping bezeichnet – und die daraus resultierende Ausgeglichenheit: Er weiß, dass und wie er die unvermeidlichen Widersprüche, Probleme und Krisen des Lebens bewältigen kann. Er hat sich im besten Sinne im Griff.

✘ Test 6: **Sind Sie ausgeglichen?**

Geben Sie bei den folgenden Aussagen jeweils an, in welchem Ausmaß Sie ihnen zustimmen, und orientieren Sie sich dabei an der Skala von (1) [stimmt nicht] bis (5) [stimmt völlig]. Konzentrieren Sie sich bitte und seien Sie ehrlich zu sich selbst.

(1) stimmt überhaupt nicht – (2) stimmt manchmal – (3) teils-teils – (4) stimmt häufig – (5) stimmt völlig

1. Mein Leben erscheint mir im Großen und Ganzen erfüllt.
2. Mein Alltag ist für mich beruflich und privat anregend.
3. Ich habe klare Ziele für mein weiteres Leben.
4. Ich wollte kein anderer Mensch sein.
5. Im Großen und Ganzen erscheinen mir meine Probleme lösbar.

6. Ich kann mich von Herzen freuen.
7. Mein Leben war bisher produktiv.
8. Auch wenn es für mich oder andere schwierig und problematisch wird, bleibt das Leben als solches sinnvoll.
9. Mein Leben erscheint mir nicht so, als ob ich »in einer Falle sitzen« würde.
10. Wenn ich über meine Vergangenheit nachdenke, bedauere ich eigentlich nichts.
11. Meine Aktivitäten in Beruf, Freizeit und Familie erlebe ich als sinnvoll.
12. In meinem Innersten fühle ich mich akzeptiert und geliebt.
13. Mein Leben erscheint mir aller Mühen wert.
14. Im Alltag fühle ich mich meist voller Energie.

Die Auswertung finden Sie auf S. 202.

Ein zweites Kernelement des persönlich kompetenten Menschen ist dadurch bestimmt, dass er *weiß, was er will*, seine Stärken und Schwächen kennt und sich und andere zu motivieren und zu begeistern versteht.

Aufgrund der eindeutigen Forschungen und Befunde der Positiven Psychologie fügen wir noch ein drittes Merkmal von Persönlichkeitskompetenz – und von Selfness – an: Humor. Gerade weil dem Lebensunternehmer in schwierigen Zeiten oft das Lachen vergeht, sollten wir auf alle Irrungen und Wirrungen möglichst humorvoll reagieren. Tatsächlich können humorvolle Menschen mit belastenden, widrigen Situationen sehr viel besser umgehen. Das Gute daran: Humor kann man lernen.

Diese fundamentalen Selfnesskriterien des Stressmanagements, der persönlichen Lebensmotivation und des Glücksfalles Humor werden wir im Folgenden genauer beleuchten.

Stress-Coping

Stress macht müde und ruiniert auf Dauer die Gesundheit. Bereits zwei von drei Erkrankungen sind im Westen stressbedingt. Und von den vielen, die unter Erschöpfung oder Zeitdruck leiden, bewältigt nur eine Minderheit den alltäglichen Dauerstress in Beruf, Familie und Freizeit. Stressmediziner erkennen zunehmend, dass ein umfassendes Stressmanagement vom persönlichen Lebensstil jedes Einzelnen abhängt, und fordern daher eine alle Lebensbereiche umfassende »Entspannungskultur«.

Arbeitsstress gilt längst als Jahrhundert-Epidemie – Gesundheitsexperten gehen davon aus, dass zwei Drittel aller Krankheiten auf Stress zurückzuführen sind und die Kosten für stressbedingte Gesundheitsschäden mindestens zehn Prozent des erwirtschafteten Bruttosozialproduktes der Industriestaaten verschlingen – in Deutschland entspricht dies der Summe von rund 50 Milliarden Euro.

Alarmierende Zahlen eines nicht neuen, aber nach wie vor unbewältigten Problems unserer Zeit. Die Moderne hat das Phänomen Stress nicht erfunden, Stress als biologische Herausforderung gab es schon immer: Krieg und Hunger, Krankheit und der tägliche Kampf ums Überleben waren ständige Begleiter früherer Generationen. Die Gesundheitswissenschaftler sind sich allerdings einig, dass der Stresspegel heute höher ist als je zuvor. Die unaufhörlich wachsenden Reizströme des modernen »Lebens auf der Überholspur« zu verarbeiten, überfordert die Individuen zunehmend: Zeitdruck, Arbeits-, Beziehungs- und Freizeitstress gehen an die Substanz. Sie schwächen das Immunsystem und führen zum Raubbau an den natürlichen Kraftreserven. Die Folge: Schlafstörungen, Magenerkrankungen, Bluthochdruck, Muskelverspannungen, Allergien, depressive Verstimmung – im schlimmsten Fall drohen Herzinfarkt, Burn-out oder schwere psychische Erkrankungen wie Depression.

Ein weiteres Alarmsignal mangelnden Stressmanagements ist die große Müdigkeit – regelmäßig müde und erschöpft fühlt sich mittlerweile mehr als jeder dritte Deutsche.

Sein Glück findet man allerdings nicht in der Leistungsverweigerung oder »inneren Kündigung«. Sie sind keine Alternative zu Dauerstress und Überlastung, da diese Schonhaltung zu einer psychisch und körperlich auf Dauer ebenso ungesunden wie glücklosen Unterforderung führt. Für die moderne Stressforschung kommt es darauf an, zwischen Anspannung und Erholung das stresslösende, gesunde Maß zu finden, da nur die ausgewogene Mischung von Aktivität und Entspannung das Räderwerk aller Lebensfunktionen in Gang hält.

So benötigt der Mensch zu seinem Wohlbefinden auch Stress – in Form von sinnvollen Aufgaben, Herausforderungen und Zielen. Stressforscher sprechen im Unterschied zum auslaugenden, krank machenden *Disstress* vom positiven, vitalisierenden *Eustress,* der wohlige Gefühle der Zufriedenheit oder des Glücks hervorruft, weil man ihm mit Engagement, Hingabe, Interesse oder Leidenschaft begegnet. In anderen Worten: Jedes Glück – Verliebtsein, Hochzeit, Geburt eines Kindes oder der Lottogewinn – bedeutet Eustress.

Stress ist also nicht gleich Stress, sondern immer eine subjektive Erfahrung: So erleben manche Menschen vielleicht einen lauten Kindergeburtstag als lebendige und lustvolle Angelegenheit, während der Lärm bei anderen nur Ärger, Schmerz und Schrecken hervorruft. Während beim einen eine neue Aufgabe im Job zu leidenschaftlichem Engagement führt, zieht sich der andere nervös und hilflos zurück.

Ob wir auf jeweilige Situationen, Probleme oder Herausforderungen mit dem glücksfördernden Eustress oder dem depressiv machenden, negativen Disstress reagieren, ist davon abhängig, wie wir die jeweiligen *Stressoren* wahrnehmen und beurteilen.

Im folgenden Test können Sie sich einen Überblick über die individuellen Stresspotenziale Ihres Lebens verschaffen.

Test 7:
Ihr Stress-Profil

Füllen Sie bitte das Blatt (siehe S. 64/65) folgendermaßen aus:

1. Stressanlässe (Stressoren): Bestimmen Sie, welche der aufgeführten Situationen für Sie zutreffen.
2. Ergänzen Sie am Ende die Liste um persönlich wichtige Stressanlässe und -situationen.
3. Bestimmen Sie durch ein entsprechendes Kreuz in den Spalten »Vorkommen« V und »Wirkung« W, wie oft diese Stressoren vorkommen und wie Sie den damit verbundenen Ärger, Druck und Stress erleben.
4. Multiplizieren Sie diese beiden Werte V und W für jede Zeile, das Produkt kommt in die Rubrik »Stärke« als Maß Ihrer Stressbelastung.

Die Auswertung finden Sie auf S. 202.

Das Stresserleben selbst ist absolut natürlich. Als angeborenes körperliches Verlaufsmuster macht die Stressreaktion durch vielfältige hormonelle und nervliche Prozesse den Organismus bei Gefahr schnell handlungsfähig. Stress ist daher keine Erfindung der Neuzeit, wie viele meinen – im Gegenteil: Jeder Löwe unter der afrikanischen Sonne bedeutete für unsere Vorfahren Stress pur. Ihre natürliche Stressreaktion: Kampf oder Flucht. War die Gefahr vorbei, schaltete der Organismus wieder auf einen anderen, ebenso natürlichen »Betriebsmodus«. Die Entspannungsreaktion sorgte dafür, dass die verbrauchten Energien erneuert wurden.

So betrachtet, leidet der moderne Mensch in seinem Alltag unter Stress, weil den vielen Stressreaktionen keine ausreichenden Entspannungsreaktionen mehr folgen. Die Konsequenz: Er erschöpft auf Dauer seine körperlichen und psychischen Ressourcen und betreibt Raubbau mit seinen Kräften.

Dieser Raubbau beginnt eher unauffällig mit der täglichen Ausbeutung der eigenen Ressourcen – kleine Müdigkeiten wer-

Selfness-Arbeitsblatt »Ihr Stress-Profil«

Stressanlass	Vorkommen V				x Wirkung W				= Stärke
	nie 0	selten 1	oft 2	ständig 3	keine 0	schwach 1	spürbar 2	stark 3	Produkt V x W
Konflikte: a. Kunden									
b. Kollegen									
c. Chef									
d. unfaire Kritik									
Arbeitsalltag: a. Anfahrt									
b. Telefon									
c. Lärm									
d. zu viele / keine Infos									
e. Zeitdruck									
Konflikte: a. Ehe/Partnerschaft									
b. Verwandte									
c. Freunde									
Probleme mit Kindern: a. Schule									
b. Verhalten									
c. Gesundheit									

Stress-Anlass	Vorkommen V				x Wirkung W				= Stärke
	nie 0	selten 1	oft 2	ständig 3	keine 0	schwach 1	spürbar 2	stark 3	Produkt V x W
Finanzielle Probleme:									
Arbeitslosigkeit:									
Gesundheit/Erkrankungen: a. eigene									
b. Familie									
c. Pflegeverantwortung									
d. Gewicht									
e. Aussehen									
f. Schlafmangel									
g. Bewegungsmangel									
h. Alkohol									
i. Nikotin									
Sonstige:									
								Summe	

den einfach überspielt, »Langsam-Machen« ist nicht drin, Pausen gibt es gar keine mehr. Dabei braucht jeder Mensch im Laufe eines jeden Tages ausreichende Erholungs- und Ruhezeiten. Wenn dauernd Energie verheizt wird, muss sie genauso konsequent erneuert werden. Anspannung und Entspannung sind zwei untrennbar miteinander verbundene Aspekte der körperlichen und psychischen Vitalität.

Stress- und Entspannungsforscher betonen, dass die Entspannungsreaktion kein Ausnahmezustand des Organismus ist. Entspannung verläuft vielmehr nach einem Reaktionsmuster, das evolutionär angelegt ist und daher zum natürlichen Verhaltensrepertoire des Menschen zählt. Studien bestätigen, dass Entspannung langfristig nicht nur auf körperliche Gegebenheiten Einfluss hat, also beispielsweise den Blutdruck positiv verändert, sondern die Menschen sich insgesamt sehr viel wohler fühlen und glauben, das Leben besser im Griff zu haben. »Wer sich regelmäßig entspannt«, bilanziert der renommierte Stressforscher Herbert Benson, »fühlt sich nicht mehr länger wie ein tanzender Korken auf dem Meer des Lebens.«

Zu allen Entspannungsverfahren – autogenes Training, Progressive Relaxation, Biofeedback, Yoga, Atemübungen, Selbsthypnose, Meditation oder andere – gibt es sehr viel Ratgeberliteratur und Anleitungen zum Selbst-Lernen.[3] Entscheidend ist das erste und wichtigste Gebot des Stressmanagements: *Entspannen Sie sich*! Regelmäßig – Tag für Tag. Jeder sollte dabei herausfinden, welche Methode in welcher Situation (Mittagspause oder andere »Auszeiten«) für ihn am besten passt.

Empfehlen möchten wir Ihnen aber einige bewährte und weniger bekannte »Stresskiller« im Alltag:[4]

- *Kummerkiste* Dies kann ein Schuhkarton oder Ähnliches sein. Wenn Sie nachts einmal nicht (ein)schlafen können, notieren Sie Ihren stressverursachenden Kummer, legen ihn in die Kummerkiste und sagen sich: »Jetzt nicht! Jetzt ist Ruhezeit, aber morgen werde ich mich wieder darum kümmern.«

- *Stressfreie Zone* Schaffen Sie sich zu Hause einen Ort, der *nur* der Muße und dem inneren Frieden dient. Dies kann beispielsweise ein bestimmtes Zimmer, die Couch oder ein Stuhl sein.

- *Selbstgespräche* Wenn jemand mit sich selbst spricht, hält man ihn leicht für etwas »neben der Spur« – meist zu Unrecht: können doch Selbstgespräche eine effiziente Form der Stressbewältigung sein. So werden unsere Gefühle und unser Verhalten häufig von einem inneren Dialog gestaltet, auch wenn wir es nicht bewusst wahrnehmen. Und da gerade in Stresssituationen negative, stressfördernde Gedanken auftauchen wie »Das wird schiefgehen«, können bewusst positiv gestaltete Selbstgespräche – »Du schaffst das schon« – stressmildernd wirken.

- *Haustiere* Die Forschungsbefunde zum Thema sind alle eindeutig: Wer Tiere mag und mit ihnen umzugehen versteht, kann seine Stressbilanz im Zusammenleben mit ihnen positiv gestalten. Der Hund zum Kraulen oder die Hauskatze zum Schmusen können für Tierfreunde stark entspannend wirken. Selbst gestresste New Yorker Broker profitieren nachweislich vom »kleinen Tiger« im heimischen Apartment.

Die Fähigkeit, seinen Energiehaushalt auszugleichen und durch Entspannung, Erholung und Gelassenheit immer wieder zu Kräften zu kommen, ist jedenfalls eine Selfnesskunst: Wir sollten unser Leben so gestalten, dass die Stressbilanz positiv ausfällt, da unsere Gesundheit und unser Wohlbefinden direkt von einem ausgewogenen Verhältnis von Stress und Erholung abhängen. Regelmäßige Bewegung und bewusste Ernährung wirken sich mit Sicherheit positiv aus, Patentrezepte oder eine Anti-Stress-Pille gibt es jedoch nicht.

Auch genügt es nicht, sich nur kurzfristig zu entlasten. Es kommt darauf an, alle Lebensbereiche positiv zu gestalten. Persönlichkeitskompetente »Stressmanager« haben befriedigende soziale Beziehungen, entwickeln im Arbeits- und Privatleben ein stärkeres Interesse und erleben sich insgesamt als motivierter.

Darüber hinaus sollte man sich auch bewusst machen, dass die *Erholung* oft zu kurz kommt – Entspannung und Erholung werden nämlich häufig als zwei verschiedene Namen für dieselbe Sache missverstanden. Dem ist aber nicht so. Wie Gesundheitsforscher herausfanden, ist Erholung zudem nicht gleich Erholung: ob Regeneration oder Stimulation, Spazierengehen, Baden oder Dösen – entscheidend ist, wozu und wovon sich der Einzelne erholt. Will man Energie tanken, etwas Sinnvolles tun, zur Ruhe kommen oder sich geistige Anregungen verschaffen? Ist man gedanklich, körperlich, emotional über- oder unterfordert? Es gibt ganz unterschiedliche Maßnahmen, um Wohlbefinden, Freude und Glück zu fördern, daher sollte man Erholung ganz gezielt angehen – je nach Art, Dauer und Intensität der vorausgegangenen Beanspruchung. Überlegen Sie sich, welche Form Ihnen am meisten entspricht.

Wie der deutsche Erholungsforscher Henning Allmer herausfand, spielt Erholung hierzulande eine nur untergeordnete Rolle – im Gegensatz zu Stress und Krankheit. Viele Menschen erholen sich unregelmäßig oder nicht richtig. Wer sich Erholung nur im Urlaub oder am Wochenende »gönnt«, handelt fahrlässig.

So verdeutlichen Untersuchungen, dass Fragen, wie oder wann man sich im Alltag erhole, oft verwundern und viele Menschen einräumen, darüber noch nicht nachgedacht zu haben. Erholungspausen werden immer wieder aufgeschoben oder erst auf ärztlichen Rat gezwungenermaßen eingelegt.

Für die Entwicklung von Persönlichkeitskompetenz und Selfness sind das alarmierende Vorzeichen. Warum haben die meisten Menschen keine individuelle Balance zwischen Beanspruchung und Erholung? Warum verpuffen die vielen wohlmeinenden Wünsche, sich am Feierabend, Wochenende oder im Urlaub »gut zu erholen«, oder der persönliche Vorsatz, endlich mal wieder auszuspannen? Und was kann man tun, um sich »richtig« zu erholen?

Die Ergebnisse der Gesundheitsforschung zeigen, dass eine dauerhafte »Erholungsschuld« – wissenschaftlich ausgedrückt: »ungünstiges Beanspruchungs-Erholungs-Verhältnis« – krank macht. Wenn beispielsweise auch der Schlaf als Erholungsmittel nicht mehr funktioniert, Einschlaf- und Durchschlafprobleme die Erholung stören, führt der Erholungsmangel endgültig zu Übermüdung, depressiver Verstimmung, Überanstrengung oder Dauerstress.

Erholung wird als etwas Selbstverständliches missverstanden. Viele Menschen meinen, in der Freizeit oder im Urlaub wird man sich quasi erholen, weil man nicht mehr arbeitet oder sonst beansprucht ist. Sie gehen davon aus, dass sich Erholung »von selbst« einstellen wird – also nicht direkt beeinflusst werden kann. Sehr zu Unrecht: Wie Erholungsforscher betonen, darf Erholung nicht mit passiver Ruhe verwechselt werden.

Vor allem aber ist die Einstellung weit verbreitet, sich wieder richtig erholen zu wollen, »wenn der Stress vorüber ist«. Diese Haltung ist besonders gefährlich, weil man körperliche Alarmsignale nicht wahrnimmt oder sie verharmlost. Wer beispielsweise Ermüdungserscheinungen durch vermehrte Anstrengung auszugleichen versucht, die Arbeit also trotz auftretender Ermüdung fortsetzt, riskiert Erschöpfungszustände. Dies gilt auch für »Doping« aller Art: Kaffee, Alkohol oder Pillen unterdrücken die Schutzfunktion der Müdigkeit und gaukeln Fitness vor, die de facto nicht vorhanden ist.

So bestätigen Befunde der Arbeits- und Sportpsychologie, dass sich der Organismus besonders nach hohen Belastungen schneller durch aktive Erholung – einen Spaziergang oder eine Fahrradtour – regeneriert, als wenn man ihn völlig »ruhigstellt«.

Erholung wird häufig durch eine mangelnde persönliche Bereitschaft dazu verhindert. Wer sich Belastungen und Überforderungen nicht eingesteht, bagatellisiert oder meint, sich eine Pause (noch) nicht gönnen zu dürfen, schadet sich nur selbst. So wirkt besonders die Angst fatal, als nicht leistungsfähig oder genügend belastbar zu gelten. Viele empfinden es bewusst oder unbewusst geradezu als Stigma, erschöpft und erholungsbedürftig zu sein. Zudem wird Gestresst-Sein in Beruf und Freizeit häufig als positives Identitätsimage missverstanden. Bei einer solchen Einstellung bleiben Erholungsschulden nicht aus.

Die Forschung hat vor allem erkannt, dass Erholung persönlich gesteuert werden kann und Beanspruchung wie Erholung in einem *Beanspruchungs-Erholungs-Zyklus* wechselseitig aufeinander bezogen sind. Diese dynamische Beziehung lässt sich für Gesundheitsforscher Allmer mit der Fass-Metapher veranschaulichen: Durch die tägliche Aufsummierung verschiedenster Belastungen – Ermüdung ebenso wie Monotonie, Stress – wird das »Beanspruchungsfass« allmählich gefüllt. Um ein Überlaufen zu vermeiden, muss man rechtzeitig entweder den Zufluss unterbinden oder den »Erholungshahn« aufdrehen – nicht nur im Urlaub oder am langen Wochenende, sondern täglich. Soziale Beziehungen stellen dabei – so Allmer – eine Art »Breitbanderholung« dar – solange sie nicht ihrerseits zu Sozialstress führen.

Ein optimaler Erholungsprozess verläuft in drei aufeinander folgenden Phasen der Distanzierung, Regeneration und Orientierung:

- In der *Distanzierung* muss man von der vorangegangenen Beanspruchung körperlich, gedanklich und emotional Abstand gewinnen. So genügt es meist nicht, nur die körperlichen Belastungen beiseite zu schieben, um sich zu erholen, ebenso muss man sich von belastenden Gedanken und dauerndem Grübeln befreien. Viele verkennen die Bedeutung der Gefühle: Wer sich von »nachschwingenden« Gefühlen distanzieren kann, erholt sich nachhaltiger.

- In der Phase der *Regeneration* kommt es darauf an, die Energiespeicher von Körper und Seele wieder aufzufüllen. So muss die muskuläre und körperliche Entspannung mit einer gedanklichen Besinnung einhergehen und das emotionale Gleichgewicht wiederhergestellt werden.

- Die *Orientierungsphase* dient dazu, sich auf neue Aufgaben und Belastungen vorzubereiten – körperlich und gedanklich. Auch in dieser Phase spielt der emotionale Aspekt eine wichtige Rolle. Es kann vieles erleichtern, wenn man anstehende Probleme nicht schlecht gelaunt, sondern mit der beflügelnden Kraft der Vorfreude zu lösen versucht.

Im Alltag sollten wir besonders darauf achten, dass eine Reihe unbewusster Einstellungen uns davon abhält, uns zu regenerieren. Als »Erholungsbarrieren« bringen sie unsere Erholungsbilanz ins Soll:

- *Pause am Ende* Die Überzeugung, Begonnenes immer erst abschließen zu müssen, ehe man sich eine Pause gönnen darf, schadet unserer Erholung beträchtlich. Man sollte lernen, Dinge einfach auch mal liegen zu lassen und eine Erholungspause einzulegen.
- *»Workaholic-Syndrom«* Wer sein Leben nach Geboten wie »Ich bin nun mal pflichtbewusst« oder »Erst die Arbeit und dann das Vergnügen« ausrichtet, wird Erholung zwangsläufig vernachlässigen.
- *Ohne-mich-geht-es-nicht* Wenn man glaubt, alles selbst regeln zu müssen und Verantwortung nicht delegieren zu können, wird die Beanspruchungsdauer unangemessen ausgedehnt und die notwendige Erholung hintenangestellt. Es kann auch gesundheitlich problematisch sein, wenn man sich selbst überzogenen Leistungsansprüchen unterwirft und meint, alles perfekt machen bzw. besser oder schneller sein zu müssen als andere.
- *»Wenn der Stress vorüber ist«*, wollen viele richtig Urlaub machen. Diese Haltung ist deshalb so gefährlich, weil man auf physische Alarmsignale nicht dann reagiert, wenn sie bemerkt werden, oder sie verleugnet und verharmlost.

- *»Aus dem Tritt kommen«* Man befürchtet, nach einer Unterbrechung und Erholungsphase nicht wieder richtig in Schwung zu kommen.

Die persönlichkeitskompetente Selfnessbotschaft zu Stress und Erholung lautet: Jegliches Stressmanagement – oder Coping – ist nur wirksam, wenn es gleichzeitig ein intelligentes Persönlichkeitsmanagement darstellt. Wer seinen Lebensrhythmus weniger einseitig auf Daueraktivität auszurichten versteht und stattdessen mehr auf gesundheitsförderlichen Ausgleich und Entspannung achtet, der entwickelt auch seine Persönlichkeit.

Stressmanagement muss sich auf alle Daseinsbereiche beziehen, Stressbewältigung ist eine Frage der Lebenseinstellung und des Lebensstils.

Die Entwicklung von Selfness gründet daher auch auf einer persönlichkeitskompetenten Psychohygiene, die alle Lebensbereiche verbindet – körperliche Fitness, psychische Belastbarkeit, geistige Beweglichkeit, befriedigende Sozialbeziehungen, positive Arbeitseinstellung und Einklang mit der Umwelt. Wir werden diese »lebensrhythmischen« Hintergründe und Zusammenhänge von Selfness im Kapitel über Lifetiming vertiefen.

Persönliche Leit- und Lebensmotive

Wir alle leben in einem tief verwurzelten System von persönlichkeits- und lebensbestimmenden Weltbildern, die leitmotivisch unser Handeln prägen. Zum Beispiel: »Ich weiß immer, wo es langgeht«, »Ich muss mich anstrengen, damit ich akzeptiert werde«, »Was ich sage, ist ohnehin nichts wert«, »Das Leben ist ein Kampf« und so weiter.

Sind Sie in der Lage, Ihre Weltbilder zu definieren? Wissen Sie, welche Motive Sie leiten? Sie können dazu die folgende Übung des Pädagogen und Persönlichkeitsforschers Olaf Burow machen.

Übung: **Lebensbestimmende Leitmotive**

- Welche Leitmotive oder leitmotivischen Aussagen beeinflussen Sie? Denken Sie auch an einschlägige Familienweisheiten wie »Er ist halt ein Oberschlauer«, »Aus ihm wird ohnehin nichts« und so weiter. Schreiben Sie diese Leitmotive auf – welche Auswirkungen haben diese Prämissen auf Sie? Auf Ihr Denken, Fühlen und Handeln?
- Versuchen Sie Ihr persönliches Weltbild zu beschreiben, also diejenigen Sätze, die als Einstellungen Ihr Lebensgefühl bestimmen. Formulieren Sie Ihr Lebensgefühl.
- Machen Sie sich klar, inwieweit Ihr ganz persönliches Weltbild Ihnen hilft oder hinderlich ist: Erweitert es Ihre Handlungsmöglichkeiten oder engt es Ihre Persönlichkeit ein?
- Spielen Sie nun mit neuen leitmotivischen Sätzen, die Sie Ihrem Denken, Fühlen und Handeln voranstellen möchten.

Als professionelle Motivationsberater arbeiten wir seit Jahren mit dem MOTIVprofil (MP) als bewährtem Selfnesstool.[5]

Was macht Sie dauerhaft zufrieden? Wie können Sie ein sinnvolles Berufs- und Privatleben führen? Wer sind Sie wirklich – und was ist Ihnen wirklich wichtig? Das MP hilft, diese existenziellen Selfnessfragen zu beantworten.

Das MP beruht auf der Persönlichkeits- und Motivationsforschung der letzten 10 bis 15 Jahre und berücksichtigt die Arbeiten und Hypothesen von William McDougall, Abraham Maslow, Paul Costa, McGrae und Steven Reiss. Dabei zeigte sich, dass es zeitüberdauernde, stabile Merkmale (so genannte Traits) eines Menschen gibt: sein Temperament oder sein Charakter sowie seine innere Motivation zu handeln.

Man kann von folgenden fundamentalen, von innen heraus wirkenden (intrinsischen) Motivklassen ausgehen: Wissen, Ehre/Moral, Macht, Status, Ordnung, Sicherheit, Freiheit, Beziehung, Hilfe/Fürsorge, Familie, Idealismus, Anerkennung, Wettkampf/Leistung, Risiko/Stress, Essen, Körperliche Aktivität, Sinnlichkeit und Spiritualität. Jeder Mensch hat in *jedem* Fundamentalmotiv eine persönliche und charakteristische Ausprägung. Die MOTIVprofil(MP)-Analyse integriert diese bisher meist getrennt voneinander behandelten Grundmotive in einem Gesamtsystem. Dies ermöglicht ein *individuelles* Abbild der *gesamten* Motiv- und Antriebsstruktur eines Menschen.

Diese Fundamental- oder Lebensmotive sind eindeutig voneinander unterscheidbare Motivklassen, die als intrinsische Motivatoren wirken: Sie sind elementare Zwecke und Werte unseres Handelns. Die Erfüllung der individuellen Bedürfnisse, die den jeweiligen Lebensmotiven entspringen, erleben wir als Selbstzweck. Sie allein machen uns zufrieden und liefern uns die Energie für dauerhaft hohe Leistung!

Diese grundlegenden Antriebe, Motivatoren oder Eigenschaften sind aller Wahrscheinlichkeit nach angeboren und ändern sich im Laufe von Jahrzehnten oder eines Lebens vermutlich nur wenig. So werden beispielsweise kommunikative Kinder auch als Jugendliche und Erwachsene Freude daran haben, sich mit anderen auszutauschen, und Heranwachsende, die gerne planen und organisieren, werden auch als Erwachsene ihr Leben geordnet führen. Umgekehrt fühlten sich Menschen mit einer ausgeprägten Lust am Führen und »Machen« schon in jüngeren Jahren wohl, wenn sie anderen sagen durften, wo es langgeht.

Das MP geht noch weiter: Im Unterschied zu gängigen Persönlichkeitstests zeigt es die Motivstruktur eines Menschen nicht als statischen Zustand, sondern erstmals in seiner *Dynamik*. So spricht alles dafür, dass die einzelnen Motivklassen komplementär aufgebaut sind und jeweils zwei gegenläufige Motivationen (Impulse) vereinen oder kombinieren.

Zum Beispiel besteht das Machtmotiv aus dem Streben nach »führen« *und* »geführt werden«, Freiheit aus dem Streben nach Eigenständigkeit *und* Teamorientierung oder Wettkampf/Leistung aus einem »kämpferischen« *und* einem »ausgleichenden« Impuls.

Das MOTIVprofil

In folgender Tabelle ist die Bedeutung der 18 Fundamentalmotive und ihrer jeweiligen Antriebe im Überblick dargestellt.

Motiv-Orientierung	Fundamentalmotiv
	Wissen
intellektuell	Freude am Denken an sich und am Ansammeln von Wissen, Intellektualität, Wunsch, den Dingen auf den Grund zu gehen und sie in ihrer Komplexität zu begreifen
pragmatisch	Sinn fürs Praktische, Anwendungsorientierung, zeitnahes, nutzenorientiertes Denken und Handeln
	Ehre/Moral
prinzipienorientiert	Kodexorientierung, Loyalität, moralische Integrität, Traditionsbewusstsein, Werte und Normen schätzen und wahren
zweckorientiert	Zielorientierung, situative Flexibilität ist wichtiger als Prinzipien
	Macht
führend	Einfluss ausüben, Führung übernehmen, Richtung bestimmen, Kontrolle haben
geführt	kein Interesse an Machtausübung und Übernahme von Führung, Dienstleistungsorientierung
	Status
elitär	Streben nach öffentlicher Aufmerksamkeit und Ansehen, Orientierung an Marken und Trends, Elitedenken, Wunsch, sich durch Reichtum oder Titel von anderen abzuheben

bodenständig	wenig Interesse an Publikumswirksamkeit, an Titeln und dem Besitz von Statussymbolen, auf Gleichheit bedacht
	Ordnung
strukturiert	Stabilität, Klarheit und Detailgenauigkeit bei Abläufen und Strukturen, Konstanz, Pflege von Ritualen
flexibel	Spontaneität, Regeln vermeiden, aus Strukturen ausbrechen, Freiräume suchen und zulassen, Kreativität, kein ausgeprägtes Ordnungsbedürfnis
	Sicherheit
festhaltend	Orientierung an Besitz/Eigentum, Sammel- und Spartrieb
großzügig	wenig Interesse an Sammeln oder Sparen sowie an materiellen Dingen, Tendenz zur Verschwendung
	Freiheit
eigenständig	Selbstgenügsamkeit, emotionale Selbstbestimmung, Autarkie, Unabhängigkeit
teamorientiert	Interesse an Bindungen, Gemeinsamkeiten und Unterstützung von anderen, emotionale Abhängigkeit
	Beziehung
kontaktfreudig	Kommunikationsbedürfnis, Pflege von Freundschaften, Sinn für Humor, Freude an Geselligkeit
distanziert	Zurückgezogenheit, Introvertiertheit, Abgrenzung, Ernsthaftigkeit

	Hilfe/Fürsorge
fürsorglich	anderen Menschen selbstlos helfen, auf deren Befindlichkeiten achten, andere bei ihren Tätigkeiten unterstützen
eigennützig	Konzentration auf sich selbst und auf eigene Aufgaben und Ziele, eigene Bedürfnisse in den Vordergrund stellen, sich am liebsten auf sich selbst verlassen
	Familie
familienorientiert	Interesse an einem aktiven Familienleben, Wunsch nach eigener Familie oder Kindern, intensive Nähe und Zuwendung geben und annehmen
selbstbezogen	Streben nach Unabhängigkeit, kein Interesse an der Verantwortung für andere
	Idealismus
idealistisch	soziale Gerechtigkeit und Fairness, Engagement für andere Interessen(gruppen), Wunsch, die Welt zu verbessern
realistisch	Akzeptanz von Gegebenheiten, persönliche Nutzenoptimierung
	Anerkennung
sensibel	Suche nach sozialer Akzeptanz und Bestätigung durch andere, Lob als Treibstoff, Empfindlichkeit gegenüber Kritik oder Widerspruch
selbstsicher	selbstbewusst, interessiert am Feedback anderer, jedoch nicht davon abhängig, Fähigkeit, sich selbst zu motivieren

	Wettkampf/Leistung
kämpferisch	Aggressivität, Konkurrenzdenken, Wunsch zu kämpfen und zu gewinnen
ausgleichend	Konflikte vermeiden, Harmonie und Konsens anstreben, Streit schlichten
	Risiko/Stress
stressrobust	Freude an Herausforderungen, Belastbarkeit, Mut zur Veränderung, Risikobereitschaft
stressempfindlich	Angst vor Druck, Unsicherheit und Veränderungen, Suche nach Stabilität und Verlässlichkeit sowie einer eigenen Komfortzone
	Essen
genießerisch	ausgeprägte Freude am Essen
genügsam	Essen als Nahrungsaufnahme, wenig genussorientiert, essen, um den Hunger zu stillen
	Körperliche Aktivität
bewegungsfreudig	Bedürfnis nach Bewegung und Fitness
bequem	kein Interesse an körperlicher Betätigung, Bewegungsmuffel, wenig Körperorientierung
	Sinnlichkeit
sinnlich	Freude an lustvollem Leben und Sexualität, an Schönheit, Design, Kunst und Ästhetik
nüchtern	Streben nach Purismus
	Spiritualität
sinnsuchend	Suche und Frage nach dem (tieferen) Sinn des Lebens, Offenheit für die Existenz einer höheren (göttlichen) Instanz, Glaube an eine geistige Welt

rational	Konzentration auf das Hier und Jetzt, Orientierung an rational erklärbaren Denkmodellen, »Glaube« an sich selbst und an die eigene Wirksamkeit

Jeder Mensch besitzt in jedem dieser einzelnen Antriebe eine charakteristische, individuelle Ausprägung. Es gibt aber nicht nur ein mehr oder weniger ausgeprägtes Streben in eine bestimmte Richtung. Da jede Person komplementäre Ausrichtungen in sich vereint, wird auch der machtvollste Führer oder Entscheider dann und wann den Drang und die Freude am Geführtwerden leben wollen, der bindungsfreudigste Teamplayer mitunter dem Impuls nach Eigenständigkeit nachgeben, der ausgeprägte Kämpfer seine Harmoniebestrebungen ausleben wollen und müssen, der Kollege, der als stressrobust bekannt ist, Phasen der Ruhe schätzen.

Wie einen individuellen Fingerabdruck hat jeder Mensch ein unverwechselbares MOTIVprofil. Ihre individuelle Auswertung zeigt Ihnen Ihre ganz persönliche Ausprägung und Struktur Ihrer Antriebe und Fundamentalmotive.

Die jeweiligen Antriebskräfte beeinflussen die *Lebenszufriedenheit und Leistungsfreude* des Menschen. Wenn Sie Ihr Arbeitsumfeld und Ihre private Umgebung so gestalten, dass Sie Ihre Motivausprägungen auch leben können, werden Sie zufriedener und leistungsfähiger sein.

Menschen mit stark ausgeprägtem Beziehungsmotiv werden sich beispielsweise dann am wohlsten fühlen und auf Dauer die stärkste Leistung bringen, wenn sie ihren kommunikativen Ansprüchen gerecht werden können und nicht gezwungen sind, als »einsame Schreibtischhelden« handeln zu müssen. Wer im Wissensmotiv gleich starke Antriebe für intellektuelles und pragmatisches Handeln aufweist, erlebt dann die größte Arbeitszufriedenheit und -fähigkeit, wenn er beide Motivationen ausgewogen gestalten kann – also die Möglichkeit hat, sowohl konzeptionell-theoretisch zu arbeiten als auch Dinge konkret umzusetzen.

Wer sein MP genauer kennen lernt, gewinnt wertvolle Einblicke in seine Persönlichkeit: wer er wirklich ist, was ihn im Innersten bewegt und wie er sich dauerhaft am besten motiviert – oder motiviert werden kann.

Auf der Grundlage des MP können auch weitere persönlichkeits- und lebensbestimmende Hintergründe bearbeitet und gestaltet werden, zum Beispiel:

- berufliche Perspektiven
- Führungsmotivationen
- kommunikatives Handeln
- Lebenspartnerschaft
- Work-Life-Balance
- Lernverhalten

Das MP ist das einzige Testinstrument, das die komplette Motiv- und Antriebsstruktur von Menschen abbildet. Damit wird der Mensch nicht in typisierende Schubladen gesteckt, sondern in seiner Individualität dargestellt.

Mit der Abbildung der kompletten Motiv- und Antriebsstruktur des Menschen bietet das MP auch für jede Form der persönlichen Lebensberatung eine individuelle Unterstützung. Die Kenntnis der persönlichen Werte, Bedürfnisse, Interessen und Antriebe sind Leistungs- und Zufriedenheitspotenziale, die gezielt entwickelt und gestaltet werden können.

Lachen: Glücksfall Humor

Auch für die postmoderne Arbeitswelt gilt: *Lachen Sie öfter!* Suchen Sie auch in der Firma bewusst die Nähe wirklich humorvoller Menschen. Versuchen Sie sich daran zu erinnern, wie es sich anfühlt, richtig lachen zu können. Denken Sie immer mal wieder an Ihren Lieblingswitz oder -film. Nehmen Sie Ihre Lieblingslektüre in Sachen Humor mit ins Büro – und lesen Sie ab und zu ein paar Sätze …

Sie denken, das ist reiner Nonsens? Weit gefehlt.

»Lachen ist gesund«: Die Positive Psychologie konnte in den letzten Jahren diese alte Weisheit eindrucksvoll bestätigen. Wer über sich und viele Dinge dieser Welt lachen kann, tut seinem Gefühlshaushalt und seinem gesamten Wohlbefinden sehr viel Gutes, denn ein Lächeln kann dem Alltagsstress oft seinen giftigen Stachel nehmen. Humor hält uns gesund und – ganz im Sinne von Selfness – kreativ und leistungsstark.

Zu den Essentials der Forschung zählt mittlerweile, dass die neurohormonelle *Lachreaktion* körpereigene Endorphine (Glückshormone) freisetzt, die das Immunsystem stärken, Stress abbauen sowie das körperliche und seelische Allgemeinbefinden fördern. Herzhaftes Gelächter etwa wirkt auf den Organismus ähnlich positiv wie ein halbstündiger Dauerlauf, da beim Lachen immerhin 230 aller unserer 640 Muskeln beteiligt sind.

Solche und viele andere Studien zeigen, dass Humor, Freude und Gelächter die wichtigsten physiologischen Systeme stärken: Neben der Körpermuskulatur aktiviert Lachen das Herzkreislaufsystem, die Atmung und Durchblutung, das zentrale Nervensystem und das Gehirn, die Skelettmuskulatur und das Immun- wie Hormonsystem, regt die Verdauung an, mildert Kopf- oder Rückenschmerzen und wirkt gleichzeitig entspannend.

Dass Humor als wahrer Glücksfall für Körper, Geist und Seele verstanden werden muss, dokumentieren vor allem die Studien, in denen er als Stresskiller und nachweislich starkes

Angstmittel und Antidepressivum wirkt: Humor verhindert nicht nur depressive Entwicklungen, sondern hilft direkt bei emotionalen Verstimmungen oder Ängsten, wobei er nicht nur die trübe Laune vorübergehend aufhellt, sondern viele Menschen insgesamt leistungsfähiger macht.

Humor wirkt auf unterschiedlichen Ebenen persönlichkeitsfördernd:

- *kognitiv* Humor aktiviert komplexitätsbewältigende kreative Potenziale, fördert Entscheidungsprozesse und begünstigt den oft geforderten Perspektivenwechsel. Ebenso schafft Humor Verständnis für neuartige Zusammenhänge und verhilft zu mehr Offenheit gegenüber Veränderung.

- *emotional* Humor löst Hemmungen, reaktiviert verdrängte Affekte, ermöglicht einen unmittelbaren und spontanen Austausch menschlicher Gefühle und stärkt somit die notwendige soziale wie persönlichkeitsbezogene Kompetenz.

- *kommunikativ* Humor wirkt entspannend, regt an und trägt zu einer freundlich-konstruktiven Beziehung bei. In Gruppen wird dadurch das »Arbeitsbündnis« gefestigt und die Beziehungen werden krisen- und konfliktstabiler – dieser Aspekt gilt für alle Beziehungen.

Im folgenden »Selfness-Seminar Humor« finden Sie einige bewährte Anregungen und Hilfen, wie Sie Ihren Sinn für Humor alltags- und persönlichkeitsbereichernd fördern können. Diese Anleitung zur allseitigen Stärkung humorvollen Handelns beruht auf einschlägigen Erfahrungen der professionellen Humorpraxis, wie sie im deutschsprachigen Raum vor allem von Humorforscher und -therapeut Michael Titze dokumentiert wurden.

Seminar: **Humor im Selfnessalltag**

Beginnen Sie mit derjenigen Übung in Sachen Humor, die Ihnen intuitiv am sinnvollsten erscheint.

- **Humorressourcen** Gründen Sie eine »Humorbibliothek«: Sammeln Sie ab sofort alles, was Sie zum Lachen bringt – scherzhafte Sprüche, Redewendungen, Reime, Witze oder Anekdoten ebenso wie Ihre Lieblingsbücher, -videos oder -briefe. Werden Sie zum Stammkunden Ihrer eigenen Humorbibliothek, um sich ab und an richtig in Stimmung zu bringen.

- **Humorstudium** Beobachten Sie mindestens eine Woche lang, worüber sich andere Menschen und auch Sie selbst amüsieren – formulieren Sie Ihre Beobachtungen schriftlich!

  Mit dieser Übung verändert sich Ihre Aufmerksamkeit: Sie werden bewusst wahrnehmen, wann, wie und worüber Sie selbst und Ihre Mitmenschen lächeln, schmunzeln, grinsen oder lachen. Achten Sie im Besonderen auch auf die Worte, den Tonfall, die Mimik und die Gesten, mit denen eine komische Geschichte oder ein Witz erzählt wird.

- **Humorgedächtnis** Entspannen Sie sich und vergegenwärtigen Sie sich diejenigen Situationen Ihres Lebens, in denen Sie als Kind, Jugendliche(r) und Erwachsene(r) herzhaft gelacht oder besonders witzig, spielerisch und humorvoll reagiert haben. Machen Sie sich alle Facetten dieses besonderen Erlebnisses bewusst: Wie genau fühlten Sie sich damals? Was kennzeichnete die besondere Atmosphäre?

- **Humorplanung** Überlegen Sie, bei welchen Personen und in welchen Situationen – ob im Privatleben oder Büroalltag, Management oder Verkauf – Sie durch eine lockere Bemerkung die Beziehungen verbessern oder durch eine humorvolle Sichtweise jeweilige Probleme leichter lösen könnten. Achten Sie darauf, dass der Humor auf einer konstruktiven, wohlwollenden Einstellung beruht: Wenn Sie ärgerlich oder gereizt sind, können humorvoll gemeinte Äußerungen schnell zynisch oder sarkastisch wirken und die soziale Beziehung verschlechtern. Beachten Sie auch das verbale und nicht-verbale Feedback Ihres Gesprächspartners, wenn Sie eine humorvolle oder ironische Bemerkung machen.

- **Humorvolle Übertreibung** Konzentrieren Sie sich zunächst auf ein weniger gravierendes Alltagsproblem und beschreiben Sie, was Sie dabei stört oder belastet. Wenn Sie beispielsweise mit Ihren schriftlichen Büroarbeiten nicht richtig vorankommen, versuchen Sie, dieses Problem maßlos zu übertreiben und zu dramatisieren – mit Worten, Mimik und Gestik, so, als sollten Sie eine echte Schmierenkomödie inszenieren: »Die unerledigten Akten liegen vor mir wie ein Berg, wie ein Gebirge, wie der Himalaja! Ein Himalaja unbearbeiteter Akten, die auf mich einstürzen und mich erschlagen. Und wenn ich doch überleben sollte, werde ich damit auf Jahre hinaus nicht fertig, ich werde nicht mal in Rente gehen dürfen.«

Wenn Sie dank der humoristischen, ironischen Übertreibung kleinere – oder mittelschwere – Probleme etwas stressfreier und gelassener bewältigen, können Sie diese Methode auch bei ernsteren Schwierigkeiten ausprobieren.

Abschließend noch ein Hinweis in Sachen Selfness und Humor, zu dem uns ein Wort von Vivienne Westwood inspirierte. Die ebenso kultivierte wie lifestyleerfahrene Modepäpstin beurteilte dabei unsere Kultur als »hässliche Spaßgesellschaft«.

Was aber sollte an Fun-und-Spaß-haben-Wollen als kulturellem Entwurf so tadelnswert sein? Lebensfreude hat viele Quellen – Spaß ist nur eine davon. Ob Humor oder Spiel, Amüsement, Unterhaltung, Blödeln und sonstiger Frohsinn: Sie sind alle in Ordnung und gehören zur menschlichen Natur.

Wirklicher Humor hat allerdings immer einen Weggefährten: die Empathie. Humor, der nicht mitfühlend ist, ist kein Humor – dort hört der Spaß auf. Heilsames Lachen ist empathisch, richtig lachen und glücklich sein können wir nur in Gesellschaft von anderen. Humor unterscheidet sich gerade dadurch von aggressiven, hinterhältigen oder sonstigen unter der Maske von »Fun« versteckten Bösartigkeiten. Vieles, was heute als Spaß gilt, ist nur zynisch – und Zynismus darf man nie als Humor oder humorvolles Verhalten missverstehen. Zynismus ist keine »humorähnliche« Einstellung, sondern eine psychologische Verteidigungs- oder Angriffshaltung in zwischenmenschlichen Beziehungen. Ob sich ein Zyniker dabei aggressiv, zurückhaltend oder gar sanft gibt, ist egal – nur wird er nie humorvoll sein, da ihm empathisches oder warmherziges Verhalten völlig fehlt.

Insgesamt kann man einen Lebensunternehmer mit hoher Persönlichkeitskompetenz so charakterisieren, dass er sich im besten Sinne im Griff hat, seine Stärken und Schwächen kennt, sich selbst zu motivieren weiß, mit Stress und Schwierigkeiten fertig wird, andere ebenso begeistern kann wie sich selbst, selbstbewusst, aber verantwortlich handelt und kritikfähig ist – kurz: als einen Menschen mit Charisma.

Das wohl wichtigste Kennzeichen eines Menschen mit hoher Persönlichkeitskompetenz ist seine Ausgeglichenheit und Stressfähigkeit: Er weiß, dass und wie er die unvermeidlichen Widersprüche, Probleme und Krisen des Lebens bewältigen kann. Dazu muss man die eigenen Bedürfnisse (etwa diejenigen nach Kontakt und Freundschaft) mit den Anforderungen des Arbeitslebens so ausbalancieren, dass kein Lebensbereich die anderen dominiert oder gar erdrückt. Wer beispielsweise zulässt, dass der Bereich Arbeit sein Leben so beherrscht, dass Stress und Erschöpfung die Pflege der eigenen Gesundheit oder der Beziehungen untergraben, handelt nicht klug, und wer heute noch mit seinem Stress prahlt, erntet eher Missachtung als Respekt: Er hat sein Leben nicht im Griff. Persönlichkeitskompetente Menschen können daher auch persönliche Werte und Prinzipien verwirklichen und lassen ihre Talente und Interessen nicht versickern.

Die Positive Psychologie fand auch heraus, dass persönlichkeitskompetente Menschen lebenszufriedener und glücksfähiger als andere sind. Sie haben ein starkes Selbstwertgefühl, blicken prinzipiell optimistisch in die Welt, sind extravertiert und sozial orientiert. Und sie sind überzeugt, das eigene Leben im Griff zu haben oder kontrollieren zu können.

Dieser letztgenannte Aspekt ist besonders wichtig: der Glaube an sich und seine Fähigkeiten. Er ist psychologisch das genaue Gegenteil einer Selbstüberschätzung – und basiert auf einer kultivierten Selbstreflexion. Ohne eine entwickelte Selbstreflexion kann es keine Selfness geben.

Da Persönlichkeitskompetenz besonders für das Standing in der Berufswelt wichtig ist, können Sie mit folgender Übung Ihr Image verbessern.

✔ Übung: **Verbessertes Persönlichkeitsimage**

Der Managementberater Tom Peters schult die Teilnehmer in seinen Persönlichkeits-Seminaren unter anderem mit dieser Übung. Versetzen Sie sich in Ihr berufliches Umfeld und positionieren Sie sich anhand folgender Fragen:

1. Ich bin bekannt für . . .
   Nächstes Jahr um diese Zeit möchte ich außerdem bekannt sein für . . .
2. Das Projekt/die Aufgabe, an dem/der ich im Moment arbeite, finde ich aus folgenden Gründen reizvoll und lohnend:
3. In den letzten drei Monaten habe ich Folgendes hinzugelernt:
4. Mein öffentliches (lokales/regionales/nationales/globales) »Präsenzprogramm« besteht aus...
5. Wichtige Neuaufnahmen in meiner Kartei in den letzten drei Monaten:
6. Wichtige, in den letzten drei Monaten gepflegte Beziehungen:

7. Meine wichtigste Aktivität zur »Verbesserung meines Lebenslaufes« innerhalb der nächsten drei Monate wird sein ...

8. Mein Lebenslauf unterscheidet sich von dem des vergangenen Jahres erheblich in folgenden Punkten:

Ähnliche berufsspezifische Übungen oder Programme wurden in den letzten Jahren von mehreren Autoren vorgelegt.[6] In Details unterscheiden sie sich, im Großen und Ganzen geht es um das Gleiche: Sie sollen mit Ihren Stärken und Schwächen besser umgehen lernen. Wie bei allen anderen Selfnessaktivitäten gilt: Sie müssen es wirklich wollen! Die Wege zum Ziel sind dann so individuell wie die Menschen.

Emotionale Kompetenz

Welches Gespür haben Sie für andere? Haben Sie ein sinnvolles Gefühls- und Stressmanagement entwickelt? Wie gehen Sie mit Ihren Gefühlen um – mit Ärger, Zorn, Niedergeschlagenheit, aber auch mit Freude? Können Sie sich motivieren? Für etwas wirklich begeistern? Nutzen Sie Ihre intuitiven Fähigkeiten? All dies – und einiges mehr – sind Kompetenzen unserer emotionalen Intelligenz und für Selfness von existenzieller Bedeutung.

Stellen Sie sich vor, Sie sind Manager in einer »helfenden Institution«, die sich für multikulturelle Entwicklung der Gesellschaft und die Integration ausländischer Mitbürger einsetzt. Zufällig hören Sie, wie einer Ihrer Mitarbeiter einen schlechten Türkenwitz erzählt. Was machen Sie? Entscheiden Sie sich für eine der folgenden Antworten:
(a) Ignorieren – es ist nur ein schlechter Witz.
(b) Sie zitieren den Mitarbeiter in Ihr Büro und weisen ihn zurecht.

(c) Sie schreiten sofort ein und machen deutlich, dass solche Witze mehr als unangemessen sind und in Ihrem Hause nicht toleriert werden können.
(d) Sie schlagen dem Mitarbeiter vor, eine soziale Weiterbildung mitzumachen.

Wenn Sie emotional intelligent handeln, dann ist nur Variante C angemessen. Ihre Organisation kann es nicht zulassen, dass ausgerechnet auf Kosten derer gelacht wird, für die man sich beruflich engagiert und stark macht.

Der amerikanische Publizist Daniel Goleman erregte mit seinem populärwissenschaftlichen Bestseller ›Emotionale Intelligenz‹ in den 90er Jahren weltweit Aufsehen und machte den EQ-Begriff – »Emotional Quality« analog zum bekannten Intelligenz-Quotienten IQ – einem breiteren Publikum bekannt. Goleman stützt sich auf die Forschung von Vertretern der Positiven Psychologie wie Peter Salovey, John Mayor oder David Caruso, die dieses Konzept wissenschaftlich erforschen. Emotionale Intelligenz ist demnach die Intelligenz, seine eigenen Gefühle zu erkennen, mit ihnen umgehen zu können, sich selbst zu motivieren und ein Gespür für andere zu haben, sich in sie hineinzuversetzen.

Der EQ hat immer mehr an Bedeutung gewonnen, nachdem in den letzten Jahren viele Studien gezeigt haben, dass der IQ kaum etwas über die tatsächliche Karriere oder berufliche Leistungsfähigkeit aussagte. So muss man heute davon ausgehen, dass im modernen Berufsleben zwar auch in Zukunft sprachliche oder mathematische Intelligenz und fachliche Fähigkeiten nötig sind – dass aber nur derjenige Karriere macht, der seine Persönlichkeit und hohe emotionale Kompetenzen entwickelt. So weist Goleman nach, dass sich weltweit die meisten erfolgreichen Topmanager und Wirtschaftsführer in einem entscheidenden Punkt gleichen: Sie haben ausgeprägte Fähigkeiten im Bereich der emotionalen Intelligenz. Die traditionellen Fachkenntnisse und intelligenten Fähigkeiten logischen Denkens spielen also als handwerkliche »Schwellenqualifikationen«

auch zukünftig eine wichtige Rolle – ohne eine entwickelte emotionale Intelligenz als zentrale Schlüsselkompetenz ist das allerdings zu wenig.

Tatsächlich hat die in allen Lebensbereichen feststellbare »Renaissance der Gefühle« auch weitreichende praktische Folgen: Wer sich in der immer komplexer werdenden Gegenwart und Zukunft nicht nur vom Kopf her mit seiner akademischen Intelligenz zu orientieren, sondern auch aus dem Bauch und Herzen heraus emotional intelligent zu handeln vermag, der hat zunehmend Vorteile – sei es in der Arbeits- und Berufswelt oder in privaten Beziehungen. Persönlichkeits- und lebenskluge Selfness ist ohne Weisheit des Herzens nicht denkbar.

Nach dem heutigen Stand der EQ-Forschung versteht man unter emotionaler Intelligenz alle Fähigkeiten, die folgenden fünf Kategorien zugeordnet werden können:

(1) *Selbstbewusstheit oder emotionale Selbstwahrnehmung*: die Fähigkeit eines Menschen, seine Stimmungen, Gefühle und Bedürfnisse zu akzeptieren, zu verstehen *und* die Fähigkeit, deren Wirkung auf andere einzuschätzen. Als grundlegende Merkmale gelten: Selbstvertrauen, realistische Selbsteinschätzung und selbstironischer Humor.

Für Selfness ist diese Fähigkeit der emotionalen Selbstbewusstheit und des emotionalen Selbstverständnisses ein elementarer Grundbaustein: Wer die eigenen Gefühle nämlich nicht erkennt oder versteht, ist ihnen – im Falle von Ärger oder Angst beispielsweise – fatalerweise ausgeliefert. Eine entwickelte Selbstwahrnehmung ermöglicht vor allem ein Verständnis für die Hintergründe emotionaler Reaktionsmuster – eine unabdingbare Voraussetzung für Selbstkontrolle. Wer auf diese innere Stimme hören kann, hat bei allen wichtigen Entscheidungen im Leben einen exzellenten Ratgeber zur Seite, und zwar unabhängig davon, ob es darum geht, das richtige Studium und den geeigneten Beruf zu wählen, oder welchen Menschen wir vertrauen beziehungsweise unsere Liebe schenken.

Da der Verstand in solchen Bereichen meist versagt, braucht man eine intuitive Gefühlsklugheit, die man über die emotionale Selbstwahrnehmung im Laufe des Lebens erwirbt.

(2) *Selbststeuerung oder Emotionen gestalten*: die Fähigkeit, »kurzschlüssige«, jähzornige Impulse oder Stimmungen zu kontrollieren oder umzuleiten. Im Handeln die Tendenz, Urteile reifen zu lassen und erst zu denken, bevor man etwas tut. Grundlegende Merkmale: Glaub-/Vertrauenswürdigkeit und Integrität, Offenheit gegenüber Veränderungen, Fähigkeit, mit unklaren oder mehrdeutigen Situationen umgehen zu können.

Kein Lebensunternehmer kann auf die emotionale Selbstgestaltungskompetenz verzichten. Wer mit seinen Emotionen gut zurechtkommt, ihre Hintergründe versteht und sie konstruktiv zu bewältigen weiß, verfügt über eine wertvolle Hilfe der Lebensorientierung.

(3) *Motivation oder Emotionen produktiv nutzen*: Begeisterungsfähigkeit für die Arbeit, sich selbst unabhängig von finanziellen Anreizen oder Status »anfeuern« können; die jeweiligen Ziele und Einstellungen ausdauernd und mit Hingabe verfolgen. Grundlegende Merkmale: hohe Leistungsbereitschaft; Optimismus, auch wenn es einmal schiefgeht; im Arbeitsleben: Identifizierung mit dem Unternehmen.

Selfness benötigt den weitreichenden Antrieb von innen. Die Frage, wie man die Kraft und Intelligenz der Gefühle in die Tat umsetzt, zählt zu den elementaren Aspekten eines klugen Umgangs mit Emotionen. Einen wesentlichen Bestandteil bildet dabei die Fähigkeit, sich selbst intrinsisch, von innen her, mit viel Elan und Hingabe motivieren zu können.

(4) *Empathie oder »Einfühlen-Können«*: die Fähigkeit, emotionale Befindlichkeiten anderer Menschen zu verstehen und angemessen darauf zu reagieren. Grundlegende Merkmale: Erkennen und Fördern der Fähigkeiten anderer; kulturunabhängige

Sensibilität; im Arbeitsleben: Dienst am Kunden und Geschäftspartner.

Selfness ist abhängig von Menschenkenntnis – deren Grundlage sind Empathie, Mitfühlen und die Fähigkeit, sich in die emotionale Befindlichkeit eines anderen Menschen zu versetzen.

(5) *Soziale Kompetenz oder Umgang mit sozialen Beziehungen*: die Fähigkeit, Kontakt zu knüpfen und tragfähige Beziehungen aufzubauen sowie ein gutes Beziehungsmanagement und Netzwerkpflege zu betreiben. Grundlegende Merkmale im Arbeitsleben: Wissen, wie man andere für einen neuen Weg gewinnt; Kompetenz, Teams zu bilden und zu führen; Überzeugungskraft.

Der Lebensunternehmer muss auch mit den Emotionen anderer umzugehen verstehen, um sich in der sozialen Welt schnell und intelligent orientieren zu können. Damit kann er andere motivieren – und durchschauen, wo falsche Freunde lauern oder Intrigen gesponnen werden.

Diese fünf kategorialen EQ-Dimensionen sind zusammengesetzt aus bestimmten »emotionalen Kompetenzen«, die als auf emotionaler Intelligenz basierende, erlernte Fähigkeiten gelten. Je ausgeprägter die emotionale Intelligenz ist, desto besser kann man diese Kompetenz praktisch umsetzen.

Man kann insgesamt 25 emotionale Kompetenzen unterscheiden. Die Tabelle auf Seite 92 ff. zeigt deren Zuordnung zu den fünf EQ-Dimensionen.

Tabelle »Emotionale Kompetenzen«

EQ-Dimension	**EQ-Kompetenzen**	**Definition**	**eigene Bemerkungen**
(I) Selbstwahrnehmung Erkennen eigener innerer Zustände	(1) emotionales Bewusstsein	eigene Emotionen und ihre (Aus-)Wirkungen erkennen	
	(2) realistische Selbsteinschätzung	eigene Stärken und Grenzen kennen	
	(3) Selbstvertrauen	positives Selbstwertgefühl und reale Einschätzung der eigenen Fähigkeiten	
(II) Selbstregulierung Bewältigung der inneren Zustände	(1) Selbstkontrolle	störende Emotionen und Impulse bewältigen	
	(2) Vertrauenswürdigkeit	Orientierung an Aufrichtigkeit und Integrität	
	(3) Gewissenhaftigkeit	Verantwortung für eigenes Verhalten	
	(4) Anpassungsfähigkeit	Flexibilität und Offenheit gegenüber Veränderungen	

EQ-Dimension	EQ-Kompetenzen	Definition	eigene Bemerkungen
	(5) Innovation	neue Ideen, Methoden und Informationen aufnehmen	
(III) Motivation emotionale Neigungen, die das Erreichen von Zielen leiten oder erleichtern	(1) Leistungsstreben	hohen Leistungsanspruch erfüllen oder übertreffen	
	(2) Engagement	sich die Ziele der Gruppe oder des Betriebs zu eigen machen	
	(3) Initiative	bereit sein, Chancen zu ergreifen	
	(4) Optimismus	trotz Hindernissen und Rückschlägen beharrlich seine Ziele verfolgen	
(IV) Empathie Wahrnehmung der Gefühle, Bedürfnisse und Sorgen anderer	(1) andere verstehen	Gefühle und Sichtweisen anderer feinfühlig erfassen und an ihren Sorgen aktiv Anteil nehmen	
	(2) andere entwickeln	Entwicklungsbedürfnisse anderer erfassen und ihre Fähigkeiten fördern	

EQ-Dimension	EQ-Kompetenzen	Definition	eigene Bemerkungen
	(3) Service-orientierung	Bedürfnisse der Kunden *vorwegnehmen*, erkennen und erfüllen	
	(4) Vielfalt nutzen	Verschiedenheit der Kollegen als Stärken erkennen	
	(5) Gruppen-dynamik	emotionale Strömungen und Macht-beziehungen in einer Gruppe erfassen	
(V) Soziale Fähigkeiten emotionaler Umgang mit anderen	(1) Einfluss	überzeugen können	
	(2) Kommunikation	zuhören können und klare Botschaften kommunizieren	
	(3) Konflikt-bewältigung	Meinungsver-schiedenheiten verhandeln und bewältigen	
	(4) Führung	Einzelne und Gruppen inspirieren und lenken	

EQ-Dimension	EQ-Kompetenzen	Definition	eigene Bemerkungen
	(5) Veränderungen	Neuerungen initiieren und steuern	
	(6) Bindungen aufbauen	nützliche Beziehungen pflegen	
	(7) Zusammen-arbeit	Mit anderen für gemeinsame Ziele arbeiten	
	(8) Teamfähigkeit	Gruppen-synergien schaffen	

Anhand der Tabelle kann jeder seine starken und weniger starken Emotionskompetenzen bestimmen und analysieren, welche weiterentwickelt werden sollten.

Goleman betont nachdrücklich, dass niemand alle 25 einzelnen Emotionskompetenzen perfekt entwickelt hat, sondern jeder Mensch ein individuelles Profil mit entsprechenden Stärken und Schwächen zeigt. Um beruflich erfolgreich zu sein, gilt aber die Grundregel: Mindestens *eine* gut bis sehr gut entwickelte emotionale Kompetenz in *jeder* der fünf Dimensionen der emotionalen Intelligenz sollte vorhanden sein.

Im Emotionsmanagement ist es besonders wichtig, *positive* Emotionen wie Freude, Zuneigung, Neugier, Zufriedenheit bewusst zu entwickeln und für Problemlösungen im Alltag gezielt zu nutzen. So versteht die Positive Psychologin Barbara Fredrickson positive Gefühle als evolutionären Fortschritt im Sinne des so genannten »broaden and build«: Sie erweitern unsere

Denk- und Handlungspotenziale und schaffen ein positives Beziehungsklima. Während positive Gefühle entkrampfen und unsere Wahrnehmung öffnen, engen negative Gefühle unsere Informationsaufnahme und -verarbeitung beträchtlich ein und führen zum kognitiven Tunnelblick – alles ist auf den Ärger auslösenden Reiz beschränkt. Wer sich dagegen gut fühlt, aktiviert ein gleichsam offenes Denken: Wir sind im Kopf kreativer, flexibler und können uns besser erinnern.

Wichtig ist auch der kommunikative Aspekt von positiven Emotionen. Sie fördern den Kontakt zu anderen und den Aufbau von Beziehungen – für das »Herdentier« Mensch eine wichtige Hilfe im alltäglichen Überleben. Fazit: Positive Emotionen fördern unsere Handlungsfähigkeit, da wir Probleme besser lösen und Stress vermeiden können.

Umgekehrt ist der clevere Umgang mit *negativen* Gefühlen ebenso wichtig. Aber wie sollen wir mit Ärger, Zorn, Wut oder gar Hass umgehen? Gar nicht so einfach, antworten die Emotionsforscher. Ob man sie zeigt und auslebt oder unterdrückt – in beiden Fällen gibt es Vor- und Nachteile. Neben dem prinzipiell negativen Aspekt des eingeschränkten Denkens und Wahrnehmens führen Wutanfälle und Ärgerreaktionen meist zu zwischenmenschlichen Konflikten, machen uns unzufrieden – und oft krank. Negative Gefühle bedeuten immer Stress, und die andauernde Überflutung des Organismus mit Stresshormonen geht auf das Herz und fördert sicher auch Krebs.

Für den Selfnessalltag kann man sich an der Regel »Nichts im Übermaß« orientieren: zu starke und vor allem andauernde Negativreaktionen vermeiden – aber auch keine verkrampften Unterdrückungs- oder Selbstbeherrschungsmanöver. Emotional intelligent handeln wir dann, wenn wir sehr genau spüren, wann bestimmte Gefühle angezeigt sind und wann nicht. Wenn man bei negativen Emotionsreaktionen weiß, wie man Ärger und Zorn durch ihr relatives Ausleben rasch »zurückfahren« kann, erzielt man für Körper und Seele gleichermaßen eine befreiende Wirkung.[7]

Obwohl die Bezeichnung »Emotions-Quotient« EQ in Analogie zum IQ plausibel erscheinen mag, sind die Ähnlichkeiten – abgesehen von der Tatsache, dass sowohl Denken wie Fühlen zu bestimmten Wissensformen führen – eher begrenzt.[8]

Viele Emotionspsychologen betrachten es mittlerweile als sehr wahrscheinlich, dass alle Formen von emotionaler Intelligenz ebenso vererbt werden können wie die kognitiven Fähigkeiten. So bestätigen wissenschaftliche Untersuchungen, dass emotionale Intelligenz einen großen genetischen Anteil hat. Andererseits belegen Entwicklungsstudien aber auch, dass die Umwelt und das eigene Lernen eine wichtige Rolle spielen. Wie hoch die Anteile sind, wird man wohl nie absolut sicher wissen, Forschung und Praxis zeigen allerdings deutlich, dass emotionale Fähigkeiten gelernt und verbessert werden können.

Unsere emotionalen Anlagen sind – dem sozialen Wesen der Gefühle entsprechend – sehr »plastisch« und formbar. So liegt das Fundament dazu in den emotional prägenden Erfahrungen der Kindheit, dennoch sind im Laufe des Lebens weitreichende »Nachbesserungen« und Weiterentwicklungen der menschlichen Gefühlswelt möglich. Als sicher gilt zudem, dass emotionale Intelligenz mit dem Alter wächst – ein Phänomen, das man mit dem traditionellen Begriff der Reife beschreiben kann. Aber selbst im reifen Alter brauchen manche Menschen etwas Hilfe, um ihr emotionales Bewusstsein zu erweitern.

Im folgenden Selfness-Seminar über emotionale Intelligenz können Sie Ihre emotionalen Kompetenzen fördern.

Seminar: **So fördern Sie Ihre emotionale Intelligenz**

Erste Übung:
EQ-Selfnesspraxis

Zur gezielten Förderung der emotionalen Kompetenzen haben sich folgende Hilfen zur Selbsthilfe bewährt:[9]

(1) Eigene Gefühle verstehen

- Gewöhnen Sie sich bewusst an, täglich zu einem bestimmten Zeitpunkt – in der Mittagspause, am Feierabend – einen »Gefühlscheck« zu machen: Wie geht es Ihnen? Wie stark oder schwach ist Ihre Müdigkeit, Freude oder der Ärger? Beschreiben Sie sich selbst detailliert und nuanciert Ihre Stimmung und belassen Sie es nicht bei einem einfachen »gut« oder »schlecht«. Warum geht es Ihnen so? Wieso reagieren Sie mit diesen Emotionen? Machen Sie sich neben der Gefühlsintensität auch die Gesamtsituation bewusst: Was waren die Auslöser? Wie werden Sie in Zukunft darauf reagieren?
- EQ-Tagebuch: Führen Sie ein Tagebuch über Ihre Stimmungen. Versuchen Sie, die emotionalen Muster und Rhythmen Ihres Lebens zu erkennen.

(2) Emotionsmanagement

- Entspannen Sie sich regelmäßig. Lernen Sie autogenes Training oder eine andere Entspannungsmethode wie Progressive Muskelentspannung, Selbsthypnose oder meditative Verfahren.
- Üben Sie gezielt, in stressigen Situationen so entspannt wie möglich zu bleiben, und trainieren Sie dieses Verhalten: Stellen Sie sich die Situation Ihres letzten Wutausbruchs oder ähnliche »Entgleisungen« vor – was werden Sie in Zukunft anders machen? Wie machen Sie das?

(3) Empathie und soziale Beziehungen

- Trainieren Sie in Gesprächen, die nonverbalen Signale des anderen bewusst zu beobachten, und überprüfen Sie Ihre Deutung durch Rückfragen.
- Werden Sie ein wirklich guter Zuhörer: Konzentrieren Sie sich

auf die anderen und versuchen Sie, Ihren Partner oder Kollegen vor allem auch emotional wahrzunehmen und zu verstehen.

- Feedback: Gewöhnen Sie sich an, dem anderen rückzumelden, was Sie verstanden haben: »Du meinst also« – »Wenn ich dich richtig verstehe«. Und loben Sie öfter (»Das gefällt mir« – »Das finde ich wirklich klasse« etc.)!
- Prüfen Sie, ob Sie genug für Ihre privaten oder beruflichen »Beziehungsnetze« tun: Wie oft melden Sie sich bei Betriebskollegen oder Freunden – ohne etwas von ihnen zu wollen? Wann haben Sie Ihren besten Freund zum letzten Mal zum Essen eingeladen?

Zweite Übung:
Selfness-»Gefühlskatalog«

Wer seine emotionalen Fähigkeiten vertiefen möchte, kann sich am Konzept der so genannten *Self Sciences* oder dem »Gefühlskatalog« orientieren, dem wohl umfassendsten praktischen Programm zur Förderung der emotionalen Intelligenz.

Machen Sie sich im Folgenden mit den neun Punkten des Gefühlskatalogs so vertraut wie möglich: Denken Sie über die Bedeutung der jeweiligen Aspekte nach, und machen Sie sich bewusst, was sie jeweils für Sie bedeuten, welche Rolle diese Gefühle in Ihrem Leben oder bei anderen spielen.

- *Selbstwahrnehmung* Sich selbst und die eigenen Gefühle verstehen; Gefühle auch sprachlich ausdrücken und Zusammenhänge zwischen Gedanken, Gefühlen und Reaktionen erkennen.
- *Entscheidungen treffen* Erkennen, ob eine Entscheidung – und ihre möglichen Folgen – vom Denken oder vom Gefühl bestimmt ist.
- *Umgang mit Gefühlen* Erkennen, was »hinter« einem Gefühl steckt (etwa Verletzung bei Wut); Wege finden, um mit seinen Gefühlen und Frustrationen fertig zu werden.
- *Mitgefühl und Empathie* Gefühle und Probleme anderer verstehen und sich in sie hineinversetzen.
- *Kommunikation* Über Gefühle klar sprechen können und ein guter Zuhörer sein; sich öffnen und in Beziehungen Vertrauen schaffen.

- *Einsicht* Bei sich und anderen Muster im eigenen Gefühlsleben und in den Reaktionen erkennen.
- *Selbstakzeptanz* Sich positiv erleben, Stärken und Schwächen anerkennen und über sich lachen können.
- *Kooperation* Gespür für Gruppendynamik entwickeln und erkennen, wann und wie man sich unterordnen oder auch die Führung übernehmen soll.
- *Stressabbau* Wie reagiert man unter Druck? Lernen, was man mit körperlicher Bewegung oder Entspannungsübungen für seine Gefühlswelt tun kann.

Machen Sie sich nun die Bedeutung der einzelnen Gefühlsaspekte bewusst und füllen Sie zu allen Punkten folgende Checkliste aus:

EQ-Aspekt	**Fähigkeit 1 (schwach) 5 (stark)**	**Gründe (z.B. Gewohnheit?, äußere Einflüsse?)**	**Was könnte ich verbessern?**	**Maßnahmen (z.B. besser zuhören, ruhiger reagieren)**
Selbstwahrnehmung				
Entscheidungsstärke				
Umgang mit Gefühlen				
Mitgefühl				
Kommunikation				
Einsicht				
Selbstakzeptanz				
Kooperation				
Stress				

Als allgemein gültige Faustregel für einen EQ-förderlicheren Alltag empfehlen Vertreter der Positiven Psychologie nachdrücklich, sehr bewusst seine affektiven Impulse zu kontrollieren und mit seinen Gefühlen selbstdiszipliniert umzugehen – also keine Chips, kein Eis, kein Ausraster, keine Fernseh-Berieselung. Sondern: bewusst und achtsam genau in sich hineinhören. Wie die Erfahrung zeigt, ist eine solche konzentriert geübte Impulskontrolle rascher zu realisieren, als viele glauben.

Dabei ist die bereits dargestellte Achtsamkeit nicht nur für die emotionsintelligente Impulskontrolle, sondern auch für die allgemeine innere Gefühlsschulung sehr wichtig. Sie ist gewissermaßen die »Meta-Emotion« und der EQ-Königsweg: Wenn Sie lernen, achtsam zu leben, werden Sie auch mit Ihren Gefühlen sehr viel aufmerksamer, bewusster und konstruktiver umgehen können.

Ungenügende Frustrationstoleranz, Kontrollbedürfnis, Disziplinlosigkeit oder Unruhe als wichtigste Blockaden bei der Entwicklung einer persönlichkeitstragenden Emotionskultur haben wiederum viel mit mangelnder Konzentrationsfähigkeit oder Achtsamkeit zu tun.

Insgesamt gesehen ist eine entwickelte und achtsam kultivierte Intelligenz im Alltag des Lebensunternehmers so wichtig, weil sie in allen Lebensbereichen hilft, sich klug zu entscheiden und zu verhalten. Wer seine Gefühle wahrnimmt, sie versteht sowie sie mitzuteilen und zu managen weiß, der tut seinem Selbst und seiner Entwicklung viel Gutes. Gleichzeitig kann er mit allen kritischen wie alltäglichen Lebensereignissen, angefangen beim Ärger mit dem Nachbarn bis hin zur Partner- oder Berufskrise, besser umgehen.

Selfness-Praxis II: **Lebenskompetenzen**

Wir haben Schlüsselkompetenzen oder Soft Skills von Lebenskompetenzen unterschieden, weil Erstere eher als Eigenschaften oder »Tools« verstanden werden können, Letztere dagegen als Tugenden und Lebenshaltungen. Wir weisen aber nochmals darauf hin, dass wir beide Selfnessdimensionen als gleichwertig verstehen und die Differenzierung nur analytische Gründe hat. Beide haben viele Überschneidungen, Gemeinsamkeiten und sind im wirklichen Denken, Fühlen und Handeln des Lebensunternehmers nicht getrennt: Selfness und Lebensunternehmertum sind immer ganzheitlich.

Hoffnung

Auch unter den Vorzeichen der (Post-)Moderne bleibt eine alte Menschheitsfrage gültig – und muss Tag für Tag beantwortet werden: Auf welche der drei »göttlichen« Werte Glaube, Liebe, Hoffnung kann der Mensch verzichten? Auf den Glauben oder die Liebe? Es kommt darauf an? Auf die Hoffnung sicher nicht: »Wer hier eintritt, lasse alle Hoffnung fahren«, bereitete schon Dante seine Leser auf eine zeitlos gültige Höllenfahrt vor. Umgekehrt wusste der Philosoph Ernst Bloch, dass die Hoffnung »immer ins Gelingen verliebt ist, nie ins Scheitern«.

Vermeintliche Erfolgsrezepte gibt es zwar Dutzende – esoterische Heilsprogramme, positives Denken, NLP und viele andere Methoden. Für den Lebensunternehmer sind das aber eher Sackgassen, während die Forschung zur »Psychologie der Hoffnung« zeigt, wie stark ein glückliches und erfolgreiches Leben auf wahrer Hoffnung und Zuversicht aufbaut – und wie man ein *high hoper* werden kann.

An der Forschung des jüngst verstorbenen Psychologieprofessors Charles »Rick« Snyder und seiner Kollegen von der Universität Kansas zur *psychology of hope* hätte wohl nicht nur Ernst Bloch seine Freude gehabt. Lebenserfolg hat zwar viele Grundlagen, so die Quintessenz der Psychologie der Hoffnung, das wichtigste Fundament aber ist die Hoffnung. Auch nach einem Jahrzehnt intensiver Forschung mit über 10.000 Versuchspersonen änderte sich an dieser Erkenntnis nichts: »Eine gesunde Hoffnung ist eine große Lebensmacht«, begeisterte sich der Positive Psychologe, »und ich staune weiterhin, wie mächtig sie ist.«

Im Gegensatz zu den vielen Spielarten eines flachen Alles-ist-und-wird-gut-Denkens erforschte Snyder *hope* als eine die Persönlichkeit und das Selbst bestimmende Tugend, mit der *high hopers,* wie er die wirklich hoffnungsstarken Menschen nennt, ihren (Lebens-)Willen auch gegen allerlei Widrigkeiten des Lebens zu aktivieren wissen.

Für die Positiven Psychologen ist Hoffnung somit eine ganz besondere menschliche Stärke, ohne die letztlich die anderen wirkungslos wären. »Tag für Tag führt uns Hoffnung individuell und gesellschaftlich oder kollektiv durch unser Leben«, so Snyder, »sie hat uns dahin gebracht, wo wir heute stehen, und sie ist gleichzeitig immer ein Versprechen für eine bessere Zukunft.«

Seine Psychologie der Hoffnung steht auf einer soliden Basis. Im Kern wird Hoffnung dabei als ein *zielorientiertes* Konzept definiert: Hoffnungsvolle Menschen setzen sich realistische, sinnvolle Ziele *und* motivieren sich, sie auch zu erreichen. So zeigte sich, dass bei allen kleineren und größeren Leistungs- und Lebensprüfungen – ob berufliche Karriere, sportliche Erfolge oder die Bewältigung von Krankheiten – die *high hopers* am besten abschneiden. Den wirklich Hoffnungsvollen geht es im Leben offensichtlich besser.

Wie der Positive Psychologe herausfand, ist etwa jeder Fünfte ein *high hoper,* während jeder Zehnte ein hoffnungsarmes *low-hope*-Leben führt – der Rest verteilt sich zwischen diesen beiden Polen. Dabei gibt es keine geschlechtsspezifischen Unterschiede: Männer und Frauen sind etwa gleich starke oder schwache *hopers*. Für den Lebensunternehmer erfreulich ist die Erkenntnis, dass hoffnungsvolles Denken und Handeln gelernt und also auch verbessert werden kann.

Hoffnung manifestiert sich für die Positive Psychologie sowohl im »wegbereitenden Denken« *(pathways thinking)*, wenn es darum geht, Wege zu erkennen, die zum Ziel führen könnten, als auch im »Gestaltungs- oder Wirkungsdenken« *(agency thinking)*, wenn Ressourcen mobilisiert werden, um diese Wege dann auch zu gehen. Hoffnungsvolles Denken ist also immer zielbezogen, wobei hoffnungsvolle Menschen gleichermaßen über die *waypower* und die *willpower* verfügen.

Hoffnung ist demnach keine reine Gefühlssache, sondern ebenso abhängig vom Verstand und der Vernunft. Im Allgemeinen denken wir zuerst über unsere Ziele nach, entwerfen Handlungspläne und fühlen uns dann gut, wenn wir es geschafft haben – *feeling good* gründet im Bewusstsein erfolgreichen Handelns. Dagegen wird man sich weit weniger gut fühlen, wenn persönlich Erstrebenswertes verfehlt wurde oder in weiter Ferne liegt.

Hoffnungsvolle Menschen wissen, dass nur reale Arbeit und Engagement das Glück oder ein entwickeltes Selbst ermöglichen. So wird der Unterschied zwischen *high* und *low hopers* besonders daran deutlich, wie sie mit Hindernissen umgehen: Während *low hopers* das Scheitern mit einem »Nun ja, ich habe mir ja gedacht, dass es so enden würde« quittieren, beschäftigen sich *high hopers* meist umgehend damit, nach Alternativen zu suchen.[10]

Sie wollen sich ins Gelingen verlieben? Die folgende Selfnessübung hilft Ihnen auf diesem hoffnungsvollen Weg.

✔ Übung: **Hoffnungsprämissen**

Wie die Forschung der Positiven Psychologie dokumentiert, kann man sich anhand der folgenden Vorgaben gezielt darin üben, das stark selfness-relevante Erfolgsprinzip Hoffnung im persönlichkeitsbestimmenden Denken und Handeln zu fördern und zu vertiefen.

- Klären Sie zunächst Ihre Ziele, Vorhaben, Wünsche oder Ideen für die wichtigsten Lebensbereiche Arbeit/Karriere, Familie und Privatleben. Nehmen Sie sich etwas Zeit und notieren Sie alles, was Ihnen dazu einfällt. Bestimmen Sie danach dessen Bedeutung, indem Sie Ihre Ziele in eine Reihenfolge bringen: ganz oben die wichtigen Vorhaben – unten die vernachlässigbaren.

Lebensbereich	Ziele
Karriere/Beruf	1. 2. 3. 4. 5.
Familie	1. 2. 3. 4. 5.
Freizeit	1. 2. 3. 4. 5.
andere	1. 2. 3. 4. 5.

- Ab sofort gilt: Investieren Sie bewusst mehr Zeit und Energie in die wichtigen Vorhaben!
  Persönliche Bedeutung:
  ______
  ______
  ______

- Erinnern Sie sich regelmäßig an frühere Erfolge! Vergegenwärtigen Sie sich die Gefühle und Gedanken, als Sie auf dem Erfolgsweg waren und angekommen sind! Nutzen Sie diese Erfahrungen auch gezielt in Situationen, wenn es besonders eng und schwierig wird.
  Persönliche Bedeutung:
  ______
  ______
  ______

- Es gibt immer Wege: Wenn das eigentliche Ziel einmal nicht zu erreichen ist, bestimmen Sie bewusst eine sinnvolle Alternative.
  Persönliche Bedeutung:
  ______
  ______
  ______

- Unterteilen Sie den meist langen Weg zu wichtigen Zielen in kleinere Etappen!
  Persönliche Bedeutung:
  ______
  ______
  ______

- Akzeptieren Sie Probleme und Schwierigkeiten als Herausforderungen, die Sie stärken können.
  Persönliche Bedeutung:
  ______
  ______
  ______

- Gewöhnen Sie sich an klare Zielvorgaben! Gestatten Sie sich kein bequemes Lavieren oder Ausweichen wie »mal sehen«, »nun ja«, »eventuell«, sondern verpflichten und verantworten Sie sich vor sich selbst: »Ich kann dies schaffen.«
  Persönliche Bedeutung:
  ___
  ___
  ___

- Bleiben Sie anspruchsvoll und stecken Sie Ihre Ziele in Zukunft ruhig etwas höher.
  Persönliche Bedeutung:
  ___
  ___
  ___

Vergleichen Sie dazu bitte auch das Selfness-Arbeitsblatt »Ziele-Matrix« auf S. 125ff.

Es ist bemerkenswert, in welchem Ausmaß Hoffnungsstarke erfolgreich sind – in jedem Lebensalter und in allen Lebensbereichen. So sagen die Testwerte der »Hoffnungsskala« den Schul-, Studiums- oder Berufserfolg häufiger und besser voraus als die bekannten Leistungs- oder Intelligenztests. Hoffnung ist insgesamt gesehen sogar wichtiger als der Einfluss von Erziehung oder sozialen Privilegien: »Den Kampf ums Dasein werden diejenigen gewinnen«, zitiert Snyder dabei einen Ausspruch Chestertons zu Anfang des letzten Jahrhunderts, »die zehn Minuten nach einer Katastrophe wieder anfangen zu begreifen, dass es immer noch genug Hoffnung gibt.«

Test 8:
Sind Sie voller Hoffnung?

Der folgende Hoffnungstest beruht auf Fragen der von Rick Snyder entwickelten ADH-Skala (Adult Dispositional Hope Scale) und wurde von ihm in dieser Fassung für den allgemeinen Gebrauch autorisiert.
Um Ihren »Hoffnungsgrad« zu bestimmen, entscheiden Sie bitte anhand der vierfach gestuften Skala, inwieweit jede der folgenden Aussagen auf Sie zutrifft; konzentrieren Sie sich und seien Sie ehrlich.

1 = völlig falsch 2 = meist falsch 3 = meist richtig 4 = völlig richtig

Aussage	Punktwert
(1) Wenn ich in der Klemme stecke, kann ich über viele Auswege nachdenken.	
(2) Meine Ziele verfolge ich mit Elan und Energie.	
(3) Ich fühle mich häufig müde.	
(4) Zu jedem Problem gibt es immer mehrere Lösungen.	
(5) In Argumentationen sitze ich meist am kürzeren Hebel.	
(6) Für die wirklich wichtigen Dinge des Lebens finde ich immer viele Mittel und Wege.	
(7) Ich mache mir oft Gedanken über meine Gesundheit.	
(8) Auch wenn andere schon entmutigt sind, finde ich noch eine Lösung.	
(9) Meine vergangenen Erfahrungen stärken mich auch in Zukunft.	
(10) In meinem Leben war ich bis jetzt ziemlich erfolgreich.	
(11) Ich mache mir oft Sorgen.	
(12) Ich erreiche die Ziele, die ich mir gesetzt habe.	

Die Auswertung finden Sie auf S. 203.

high hopers haben noch andere selfness-fördernde Eigenschaften: Sie halten sich kaum damit auf, wie schlecht sie jemand behandelt hat, weil sie wissen, wie sehr nachtragendes Verhalten einengt. Die Fähigkeit und Bereitschaft, unter Vergangenes einen Strich zu ziehen, trägt erheblich dazu bei, dass zwischenmenschliche Konflikte fair gelöst werden. Dies macht sich auch im Arbeitsalltag bemerkbar. Hoffnung und Produktivität gehen Hand in Hand. So zeigt sich, dass *high hopers* ihre Kollegen fördern: Sie verfolgen nicht einfach egoistisch ihre eigenen Ziele, sondern unterstützen praktisch immer auch die der anderen.

Angesichts der erfolgsnahen Auswirkungen hoffnungsbasierten Denkens und Handelns ist deren Bedeutung für den hoffnungsgetragenen Lebensunternehmer offensichtlich: Selfness als klassische Win-Win-Konstellation.

Resilienz

Sie kennen das Stammtischwort, wonach uns das, was uns nicht umbringt, nur härter macht? Sie halten das für gar nicht so daneben? Und finden im Grunde genommen, dass es auf Sie zutrifft? Davon kann Ihre Selfness nur profitieren! Der Ausspruch stammt von Nietzsche, und wenn man ihn von seiner martialischen, militärischen Verkleidung befreit, hat er einen psychologischen Kern, der in der Positiven Psychologie als Resilienz bezeichnet wird.

Eine Kindheit in ghettohafter Verwahrlosung und Armut und in einem Umfeld von Gewalt, Kriminalität, Drogen und drogenkranken Eltern – kann das überhaupt gut gehen? »Broken homes create broken people« – schaffen kaputte Umgebungen kaputte Menschen?

Ja und nein. Da die traditionelle Psychologie lange Zeit hauptsächlich die negativen Prozesse und Fehlentwicklungen der menschlichen Psyche im Blick hatte, entging ihr, warum überraschend viele junge Menschen aus solchen »Psycho-Ghettos« *ohne* seelischen Schaden hervorgehen konnten.

Diese Frage stellten sich erst die Vertreter der Positiven Psychologie: Was macht Menschen trotz widrigster Umstände so robust und stabil, dass sie ein normales, gutes, glückliches und erfolgreiches Leben führen können? Wie können Menschen auch lange und schwere Krisenzeiten wie Dauerarbeitslosigkeit oder traumatisierende Erkrankungen durchstehen?

Die Antwort der Positiven Psychologen hat einen Namen: *resilience* – besondere psychische Widerstandskraft. Resilienz wird von der Amerikanischen Vereinigung der Psychologen APA seit 2003 offiziell definiert als »gelingender Anpassungsprozess gegenüber Elend, Widerwärtigkeiten, Trauma, Tragödien, Bedrohungen oder anderen besonderen Formen von Stress«.

Angesichts unserer krisenanfälligen Zeit mit ihren unvorhersehbaren großen und kleinen Alltagskatastrophen verstehen wir Resilienz als elementaren Aspekt von Selfness: Lebenskompetenz auch bei starken oder extremen Stressbedingungen.

Wenn Sie einmal darüber nachzudenken beginnen, werden Sie auch in Ihrer Umgebung sicher rasch fündig auf der Suche nach solchen resilienten Menschen. Ob der Tod eines nahen Angehörigen, die plötzliche Arbeitslosigkeit, eine schlimme Trennung, fortgesetzte Misshandlungen oder Krisen zu überwinden sind – Resiliente zerbrechen und verzweifeln nicht, sondern bewahren ihren Mut, gehen weiter ihren aufrechten Gang und suchen neue Herausforderungen.

In der Frühzeit der noch jungen Resilienzforschung ging man davon aus, diese Widerstandskraft müsse angeboren sein. Das hat sich mittlerweile geändert. Zwar glaubt man nach wie vor, dass das angeborene Temperament und die Intelligenz eine wichtige Rolle spielen bei der Frage, wie man mit Belastungen und Krisen umgeht. Auch gilt immer noch die Faustregel, dass man sich die Grundlagen für ein resilientes Leben besonders nachhaltig im ersten Lebensjahrzehnt aneignet.

Doch man hat auch erkannt, dass Resilienz prinzipiell erlernbar ist und auch noch im Erwachsenenalter gefördert werden kann. »Resilienz besteht aus Gedanken, Verhaltensweisen und Handlungen«, so die APA eindeutig, »die von jedermann gelernt werden können.«

Für die Positive Psychologin und Resilienzforscherin Karen Kersting gleicht Resilienz einem »starken mentalen Muskel«, den jeder kräftigen kann. Denken Sie nur an das Verhalten angezählter Boxer. Während der zu Boden geschlagene Resiliente seine Kampftaktik elementar verändern wird, bleibt beim Nichtresilienten alles beim Alten – und er wird wieder zu Boden gestreckt. Der entscheidende Unterschied: Der resiliente Boxer hat darüber nachgedacht, was sein Problem ist und wie er es lösen kann.

Grundsätzlich gehen resiliente Menschen mit ihren Schicksalsschlägen und Niederlagen anders um als Nichtresiliente.

Im Folgenden haben wir die wichtigsten und charakteristischsten Merkmale des Denkens, Fühlens und Handelns resilienter Menschen zusammengefasst – wir orientieren uns dabei an einer öffentlichen Aufklärungsschrift der Amerikanischen Psychologenvereinigung »The Road to Resilience«:[11]

- *Keine Alleingänge* Zu den frühesten Befunden der Resilienzforschung zählt die Erkenntnis, dass Resiliente als Kind immer die emotionale Unterstützung eines Menschen hatten: Großmutter oder -vater, Pfarrer, Onkel, Tante, Lehrer, großer Bruder oder große Schwester – es spielt keine überragende Rolle, um wen konkret es sich dabei handelte, entscheidend ist vielmehr, dass sie sich auf ein freundliches Ohr und Herz verlassen konnten.

  Das Prinzip des hilfreichen Nächsten gilt bei der Resilienz ein Leben lang: Resiliente kommunizieren über ihre Nöte und haben ein sicheres Gespür, wem sie vertrauen können und wer wirklich ein hilfreicher Freund in der Not ist.

- *Emotionale Krisenakzeptanz* »Du hast Angst, wieder so kaputtzugehen«, sang Udo Lindenberg und beschrieb damit den Schmerz einer Trennung. Während Resiliente bei solchen und anderen Katastrophen ihre Gefühle zulassen und auf die heilende Wirkung der Zeit vertrauen, versuchen Nichtresiliente, den Schmerz zu verdrängen. Der Resiliente akzeptiert, dass er vorübergehend nicht mehr klar denken kann, während der Nichtresiliente business as usual zu geben versucht. Diese Inszenierung geht in aller Regel völlig schief: Nicht selten sind Depressionen, die Flucht in die Sucht oder gar ein Suizid die Folge.
- *Hoffnung* Resiliente Menschen sind *high hopers*: Psychische Widerstandskraft ist unmöglich ohne die feste Überzeugung, dass sich die Dinge trotz aller Widrigkeiten irgendwann wieder in eine bessere Richtung entwickeln.
- *Lösungsorientierung* Wenn das Undenkbare und katastrophal Unerwartete passiert ist, reagieren Resiliente mit einer »proaktiven« Haltung: Die Dinge sind nicht mehr rückgängig zu machen, was aber ist zu tun, um die nun aufgetretenen Probleme zu bewältigen? Der Nichtresiliente beginnt zu hadern: Warum gerade ich? Womit habe ich so etwas verdient? Das Grübeln lähmt und zementiert die Folgen der Krisen: Obwohl das Ganze schon schlimm genug ist, macht die Übernahme einer passiven Opferrolle den Schrecken nun erst dauerhaft grauenvoll.
- *Keine Schuldgefühle* Bei fast jeder Krise oder Katastrophe neigen die Betroffenen zu Selbstvorwürfen – »Hätte ich dies und jenes nicht gesagt oder getan« –, selbst wenn sie objektiv völlig schuldfrei sind. Resiliente Menschen schaffen es aber, diese internale, auf sich bezogene Perspektive rasch und realitätsnah zu relativieren und ihren tatsächlichen Beitrag zum Geschehen im Verhältnis zu den weitaus stärkeren externen Faktoren richtig einzuschätzen. Dies stärkt ihren Selbstwert und fördert die Bewältigungsmöglichkeiten.

Übung:
Verhalten in Krisen

Es gibt kein Leben ohne Krisen und Katastrophen: Welches war die für Sie problematischste?

Versuchen Sie, die Gefühle, Gedanken und Handlungen dieser Zeit so intensiv wie möglich nachzuerleben – und beschreiben Sie Ihre Erfahrungen anhand der fünf genannten Resilienzkriterien:

1. Keine Alleingänge:

____

____

____

2. Emotionale Krisenakzeptanz:

____

____

____

3. Hoffnung:

____

____

____

4. Lösungsorientierung:

____

____

____

5. Keine Schuldgefühle:

____

____

____

Was haben Sie damals alles in allem richtig gut gemacht?
Und was weniger gut?
Wie würden Sie sich heute verhalten?

Die Positiven Psychologen wissen mittlerweile, dass wir resiliente Lebenskompetenz angesichts eines permanent erhöhten Stresspegels im normalen Alltag benötigen. Hilfreich für deren Erwerb ist die vorausschauende Beschäftigung mit möglicherweise auftretenden Problemen: Ihre Ehe könnte zerbrechen? Sie haben eine unsichere Arbeitsstelle? Ihre Wohnung wird gekündigt? Sie können beruflich scheitern? Sie erkranken schwer? Ihr befreundeter Geschäftspartner trickst Sie aus? Die Frage »Was wäre, wenn« ist für Resiliente alles andere als ungewohnt – gerade in sorgen- oder krisenfreien Zeiten denken sie an das für nichtresiliente Zeitgenossen Undenkbare. Das ist kein pessimistisches Schwarzmalen, sondern hilft ihnen im Sinne eines prophylaktischen Krisenmanagements tatsächlich einen Tick besser, mit den kleineren und größeren Wechselfällen des Lebens umzugehen.

✔ Übung: **Vorausplanendes Krisenmanagement**

Auch wenn es schwer fällt: Konstruieren Sie einen persönlichen worst case – es muss ja nicht der allerschlimmste sein.

Machen Sie sich nun so bewusst wie möglich, wie Sie diese Krise bewältigen könnten:

1. Keine Alleingänge:

____

____

____

2. Emotionale Krisenakzeptanz:

____

____

____

3. Hoffnung:

____

____

____

4. Lösungsorientierung:

____

____

____

5. Keine Schuldgefühle:

____

____

____

Noch ist Resilienz im Gegensatz zu Stress für viele Menschen ein Fremdwort. Das könnte sich in den nächsten Jahren nachhaltig ändern. »Es ist eine Sache, durch Zeiten der Unsicherheit und Instabilität zu gehen, wenn die Welt um uns herum einigermaßen stabil ist«, meint Resilienzforscher Frederic Flach. »Aber es ist etwas völlig anderes, wenn die Veränderungen um uns herum immer zahlreicher werden und sich ganze Gesellschaften im Umbruch befinden.« In diesen turbulenten Zeiten, in denen die Globalisierung viele Hobel ansetzt, gibt es auch viele Späne. Anders formuliert: In unserer Gewinner- und Nr. 1-Kultur wird die Gefahr des gesellschaftlich weitgehend tabuisierten Scheiterns für viele Menschen zunehmend größer. Resiliente Menschen verkörpern für den Psychologen und Publizisten Heiko Ernst »im höchsten Maß jene tapfere Lebensmaxime: Im Leben hat man nicht immer gute Karten, es kommt darauf an, auch ein schlechtes Blatt gut zu spielen.« Wie man es dreht und wendet: Eine resiliente Selfness ist sicher ein brauchbarer Joker in diesem (Über-)Lebensspiel.

Neues Denken

Um vorab Missverständnisse zu vermeiden: Das so genannte »Neue Denken« war bereits in den 80er Jahren en vogue, als das in Mode kommende New Age ein neues Label brauchte. Mit dieser esoterischen Variante hat das neue, andere Denken des selbstbewussten Menschen des 21. Jahrhunderts nichts zu tun. Wir benutzen den Begriff vielmehr zur Bezeichnung der für die Selfness notwendigen »anderen« Denkstrukturen. Denn in der Selfness-Welt ist die Denkungsart alten Stils ungenügend: Komplexe Entwicklungen lassen sich nicht eindimensional, monokausal oder mechanisch-rational bewältigen.

So besteht für Chris Argyris in der modernen Arbeits- und Berufswelt die große Denkkunst in komplexen Zeiten darin, Wissen zu managen. Experten in Organisationsforschung und Consulting – ob Argyris oder Peter Drucker, Rosabeth Kanter, Fredmund Malik, Peter Senge, Ralph Stacey und viele andere – sind sich einig: Wissen kann heute nicht mehr als lineare Anhäufung isolierter Fakten begriffen werden.

Aber nicht nur in der Wirtschaft ist das große Ganze mehr als die Summe seiner Teile. »Multifaktorielle« oder »multidimensionale« Zusammenhänge, wie sie uns aus Wissenschaft oder Politik vertraut sind, bestehen auch im Leben jedes einzelnen Menschen. Diese Zusammenhänge gilt es bei der Lebensbewältigung zu erkennen.

Auf dem Weg zum »Erfolgsmodell Persönlichkeit« ist für uns in den letzten Jahren immer klarer geworden, dass lebenskompetente Selfness im Wesentlichen auf vier »intellektuellen« Säulen ruht: Neben dem bekannteren Systemdenken zählen wir auch die völlig unterschätzten, aber hoch komplexitätskompetenten Metaphern- und Traumkognitionen sowie das »Bauchdenken« oder das intuitive Denken dazu.

Intuitives Denken

Intuitives Denken ist ein elementarer Teil der Intelligenz. Kognitionsforscher und Vertreter der Positiven Psychologie wissen heute, dass wir uns zu wenig auf unsere Intuitionen und das Gefühl im Bauch verlassen, weil wir immer noch zu stark auf Logik und Rationalität fixiert sind – die Denkstrukturen des linear organisierten industriellen Zeitalters. Für Denkpsychologie und Therapieforschung steht fest, dass wir häufig erfolgreicher und glücklicher handeln könnten, wenn wir stärker auf die Eingebungen der inneren Stimme hören würden.

Wenn Menschen gerne »aus dem Bauch heraus« entscheiden, sollte man dies nicht als unsinnig abtun. Bei diesen und vielen anderen emotionalen Aktionen ist nämlich unser »zweites Gehirn« besonders aktiv, das so genannte *enterische Nervensystem (ENS)* oder »Bauchgehirn«. Wie die Forschung der letzten Jahre bestätigte, ist das ENS mit seinen rund 100 Millionen in den Eingeweiden und Darmwänden verankerten Nervenzellen weitaus komplexer als das gesamte neuronale Netz im Rückenmark.[12]

Dass unser Organismus mit dem Bauchgehirn über eine weitere Schaltzentrale verfügt, erklären die Forscher evolutionär: Das zweite Gehirn sorgte von Geburt an so zuverlässig für die Ernährung der tierischen Organismen, dass die Evolution auf diesen erfolgreichen Mechanismus auch bei der Kortexentwicklung nicht verzichten konnte.

Die Forscher fanden heraus, dass wir mithilfe des zweiten Gehirns viele unserer emotionalen Register ziehen. So hat das gute Gefühl im Bauch sehr reale Erfahrungsgrundlagen: Solche Intuitionen beruhen auf unbewussten Erfahrungsmustern, in denen frühere körperliche Reaktionen des ENS gemeinsam mit kognitiven Bewertungen des Gehirns gespeichert werden.

Denkpsychologen wiederum haben das lange als esoterisch und irrational geltende intuitive Denken rehabilitiert. Das langsame, »osmotische« Denken ist als Grundlage unserer Intuitionen genauso wichtig wie das schnelle, logische Kalkulieren. Es wäre also klug, wenn wir die unterschiedlichen, im Laufe der Evolution parallel entstandenen Erkenntnisprozesse auch gleichermaßen nutzen würden und sich ergänzen ließen.

So müssen wir drei Denkformen unterscheiden: neben dem rationalen Denken die beiden intuitiven Denkformen des »sinnlichen Verstandes« und des so genannten »osmotischen Denkens«. Der auf unseren fünf Sinnen basierende »sinnliche Verstand« arbeitet dabei vorbewusst, schnell und instinktiv; er sorgt für den ersten Eindruck: Gefallen uns die Dinge oder nicht?

Das »osmotische Denken« wiederum ist der eigentliche intuitive Denk- und Wissensmodus: Auch er funktioniert unbewusst, ist aber langsam und eher planlos. Da diese unbewusst, implizit arbeitende kreative Intelligenz alles aufnimmt, was gewissermaßen am Rande des Lebens geschieht, verfügt sie über ein riesiges Wissens- und Erfahrungspotenzial, das wir vor allem in der Entspannung oder beim Tagträumen »abrufen« können – wenn wir es nicht als minderwertig abtun würden.

Tatsächlich beruhen die meisten »glücklichen« Entscheidungen auf diesem intuitiven Wissen, das keineswegs irrational ist, wie der Gehirnforscher Ernst Pöppel hervorhebt: »Können als implizites Wissen kennzeichnet den Experten, der ohne notwendige Reflexion handelt – und dennoch richtig handelt.« Im impliziten Wissen drücken sich vielmehr unsere Intuitionen aus, so Pöppel, »ohne die ein Arzt, Künstler, Wissenschaftler, Handwerker nicht wirken und nichts erreichen kann.«

So zeigen auch Managerstudien von Mintzberg, dass Führungskräfte nur in Ausnahmefällen rational erklären können, warum sie so erfolgreich gehandelt und ein »glückliches Händchen« bewiesen haben – viele meinen gar, nur »geraten« zu haben. Ähnliches gilt für den Sport, die Luftfahrt oder die Medizin: Trainer, Piloten und Ärzte entscheiden sich oft intuitiv für das Richtige.

Insgesamt verstehen es »bauch-intelligente« Menschen hervorragend, unbewusste Lösungen zu finden – oder das zu erspüren, was sie glücklich macht. »Wie ein Schwamm«, beschreibt Publizist Heiko Ernst das gewaltige Wissenspotenzial unserer Intuitionen, »haben diese Menschen all das aufgesaugt, was jemals von Nutzen sein könnte. Sie vertrauen ihrer Intuition, leisten sich den Luxus der Reflexion und können bei Problemlösungen lockerlassen. So kann das Expertenwissen aus dem Unterbewusstsein aufsteigen.«

Mittlerweile gibt es einige ausgearbeitete Konzepte, wie man seine Intuition fördern kann – beispielsweise das psychologische Programm *Intuitiv leben!* der Sozialpsychologin und Psychotherapeutin Angelika Faas.[13]

Eine sehr einfache, gleichwohl aber auf Dauer sehr nachhaltige Schulung der Intuition stammt von Edward deBono, einem der weltweit bekanntesten und renommiertesten Denkforscher. Der kanadische Psychologe spricht folgende einfache Empfehlung aus:

(1) Vor allem: Lassen Sie sich *Zeit*!
(2) Hören Sie in Ruhe *Musik*!
(3) Besuchen Sie *Kunstausstellungen*!
(4) Wandern Sie mindestens einmal wöchentlich in der *Natur*!
(5) Beobachten Sie die *Menschen* in Ihrer Umgebung intensiver!
(6) *Atmen* Sie bewusst ruhig und gleichmäßig!
(7) Lassen Sie Ihre Arbeit in der Firma. Genießen Sie den *Feierabend*!
(8) Üben Sie *Zeichnen*!

Wie viele dieser acht Denkschulungen sind selbstverständlicher Bestandteil Ihres Lebens?

Das intuitive, langsame Denken aus dem Bauch sorgt insgesamt dafür, dass wir uns nicht nur möglichst rasch an äußere, fremde Umstände anpassen, sondern im Sinne der Persönlichkeitskompetenz auch mit uns selbst klug umgehen können. So spielen die »Entdeckung der Langsamkeit« und langsames Denken eine elementare Rolle, um eigene Lebensrhythmen zu finden.

Systemdenken

Für die Weltverfassung unserer Zeit gibt es neben der von Jürgen Habermas Mitte der 80er Jahre geprägten »neuen Unübersichtlichkeit« den Begriff *Komplexität,* Norbert Bolz spricht von »Hyperkomplexität«. Im Denken wie im Handeln sehen wir uns Herausforderungen gegenüber, für die unser Handwerkszeug aus der Werkzeugkiste der kartesianischen Denkfabriken von eindimensionalen, kausalen oder mechanistisch-rationalen Schablonen nicht mehr ausreicht.

Vor allem in der neuen Arbeitswelt »lernender«, strukturgewandelter Unternehmen mit flexibel-netzwerkartigen Organisationsstrukturen und hochkomplexen, fluktuierenden Märkten ist Systemkompetenz oder das systemische Denken notwendig.[14]

Wie wichtig dieses Denken für eine sich entwickelnde Selfness ist, wird deutlich, wenn man sich die zentralen Merkmale von Komplexität, komplexen Situationen und Problemen bewusst macht.

Der deutsche Psychologe und Komplexitätsforscher Dietrich Dörner definierte die Merkmale komplexer Situationen folgendermaßen:

- *Komplexität* Vielzahl von Größen oder Variablen, die die Prozesse bestimmen.
- *Dynamik* Veränderungen geschehen auch ohne Einwirkungen des Handelnden.
- *Vernetztheit* das Ausmaß, in dem sich situationsbestimmende Variablen wegen Veränderungen anderer Variablen verändern. Bei starker Vernetzung führt eine Veränderung ei-

ner Variablen auch an entfernten Punkten der Gesamtsituation zu möglichen gravierenden Veränderungen.

- *Intransparenz* Die Lage ist insgesamt »unübersichtlich«, viele Größen können vom Handelnden nicht direkt wahrgenommen oder erfasst werden.
- *Polytelie* Häufig muss man mehrere Ziele berücksichtigen – in der Wirtschaft beispielsweise neben ökonomischen und unternehmerischen auch psychologische, kommunikative, technische und/oder ökologische Ziele.

Am Beispiel eines Lehreralltages etwa könnte die *Komplexität* der Elemente und Strukturen anhand folgender Einflussfaktoren beschrieben werden: Zeitvorgaben und vorgegebene Lerninhalte, didaktische Unterrichtsgestaltung, Vorwissen der Schüler, Umgangsregeln, eigene Persönlichkeit des Lehrers und der Schüler, jeweilige Motivation, Ängste und Hoffnungen, Klassen- und Raumgröße, Sitzordnung der Schüler, Cliquenbildung, gesellschaftliche Einflüsse wie TV- und Medienkonsum der Schüler und so weiter.
Dynamik Auch wenn der Lehrer sich richtig verhält, hat er die (Eigen-)Entwicklung des Systems nie völlig in der Hand. Es ist nicht linear zu beherrschen, vorherzubestimmen oder zu kontrollieren. Er ist daher häufig mit neuen, überraschenden Situationen konfrontiert, die er unter Zeitdruck bewältigen muss.
Vernetztheit Zwischen den Systemteilen gibt es viele Zusammenhänge und unterschiedliche Beeinflussungen.
Intransparenz Die gegenwärtige Situation sowie ihre Entwicklung ist für den Lehrer als Ganzes immer unübersichtlich und »undurchschaubar«. So kennt er nie alle Systemteile und deren Verbindungen.
Polytelie Der Lehrer muss ganz unterschiedliche Ziele verfolgen, z. B. ein lernförderliches Milieu schaffen, Lernstoff angemessen aufbereiten und lehren, Zeitvorgaben erfüllen, offizielle Richtlinien beachten, für konstant gute Beziehung zu

den Schülern sorgen, aktives Engagement und Mitarbeit fördern und so weiter.

Viele dieser Ziele sind widersprüchlich, so dass das Erreichen eines Zieles dazu führen kann, dass andere nicht erreicht werden oder aufgegeben werden müssen: Individuelle Förderung kann die Klassenaufmerksamkeit schwächen, das konsequente Einhalten der offiziellen Lehrpläne geht zu Lasten der Klassenstimmung und der Motivation der Schüler.

Wie die Forschung zeigt, resultieren Fehler im Umgang mit komplexen Situationen aus psychischen, emotionalen und motivationalen Faktoren: Ziele werden nicht konkretisiert, widersprüchliche Entwicklungen nicht als problematisch identifiziert und Neben- oder Spätfolgen nicht berücksichtigt; Fehler werden nicht korrigiert, Informationen werden nur einseitig oder unzulänglich gesammelt und die »Zeitgestalten« oder zeitliche Entwicklung nicht hinreichend beachtet.

Ein Lebensunternehmer, der sich um eine ganzheitliche Sichtweise bemüht, weiß außerdem, dass in komplexen Systemen nicht nur die unmittelbar sichtbaren Effekte zählen, sondern ebenso die »Fernwirkungen« bestimmter Aktionen.

Wer in Sachen Selfness ein guter, komplexitätsfähiger Systemdenker werden will, kann sich an einigen wichtigen Größen orientieren und diese praktisch integrieren: Die moderne Komplexitätsforschung unterscheidet im Wesentlichen *vier Dimensionen der Systemkompetenz*: ein Denken in vernetzten Strukturen (vernetztes Denken), ein Denken in bewusst wahrgenommenen Modellen (modellorientiertes Denken), ein Denken in systemischen Zeitgestalten (dynamisches Denken) und die Fähigkeit zur praktischen Steuerung von Systemen (systemorientiertes Handeln).

- *Vernetztes Denken* Im Wesentlichen die Fähigkeit, weiter als nur in einfachen Ursache-Wirkung-Beziehungen zu denken und auch indirekte Wirkungen und insbesondere Rückwirkungen (d. h. Rückkoppelungskreise) zu erkennen. In komplexen Systemen gibt es keine Eindimensionalität. Ob nun ein Ehemann so oft das Haus verlässt, *weil* die Frau nörgelt, oder die Frau nörgelt, *weil* der Mann nie da ist – in jedem Fall handelt es sich um sich gegenseitig beeinflussende Wirkungsgefüge.

- *Modellorientiertes Denken* Jedes komplexe dynamische System funktioniert nach Modellen.[6] Für den berühmten System- und Managementforscher Peter Senge etwa funktionieren Unternehmen nach archetypischen Grundmodellen. Einer rationalen Analyse sind diese Modelle zwar kaum zugänglich, dafür aber umso stärker der Intuition. Fragen Sie sich einfach, welchem Modell Ihr Unternehmen gleicht: einem Kasernenhof oder einer Kirche? Einer Weltraumstation, einer atmenden Zelle, einem Uhrwerk oder einem Jazz- oder Symphonieorchester?

- *Dynamisches Denken* Der zeitliche Verlauf spielt in allen komplexen Systemen eine entscheidende Rolle. In der Chaosforschung ist das Schmetterlingsbeispiel berühmt geworden: Über lange Sicht kann der einfache Flügelschlag eines Schmetterlings das hochkomplexe, rückgekoppelte Wettersystem so verändern, dass es zu einem Orkan kommt. Rückkoppelungen können eskalierend oder stabilisierend wirken oder auch zu Schwingungsprozessen führen. Bei einer statischen Momentaufnahme werden meist nur einfache Ursache-Wirkung-Beziehungen wahrgenommen.

- *Systemorientiertes Handeln* Um sinnvoll handeln zu können, muss man ein Gespür für das jeweilige komplexe und dynamische Modell entwickeln – System- und Komplexitätsforscher sprechen auch hier von erfahrungsbasierter Intuition: Es kommt darauf an, mit seinem System so wie ein guter Trainer mit seinem Team umzugehen oder auch Atmosphären »lesen« zu können – wie zum Beispiel Giovanni

Trappatoni. Als der italienische Meistertrainer Mitte der 90er Jahre nach München kam, sprach er eine für deutsche Verhältnisse neue und überraschende Metaphernsprache: Fußball sei *Musik* und die Mannschaft ein *Orchester*, erklärte der weltgewandte Italiener den Journalisten und Fans, und der Trainer ein *Dirigent*, wobei es für die ganze Symphonie auf die persönlichen *Rhythmen* der Spieler ebenso ankomme wie auf das gesamte Rhythmus- oder Rhythmengefüge des Teams.

Systemdenken ist im Gegensatz zu den eher statischen Kompetenzen mechanischer Abläufe nicht einfach zu lernen – wer sich aber darauf einlässt, wird rasch Fortschritte machen.

Im ersten Schritt auf dem Weg zum Systemdenken ist es sinnvoll, sich mit dem so genannten »Papiercomputer« oder der »System-Matrix«[15] vertraut zu machen – wir haben zwei Fassungen ausgewählt: die Ziele- und die Firmen-Matrix. Insgesamt geben Ihnen die mit der System-Matrix ermittelten Werte einen Einblick in das innere *Wirkungsgefüge* der jeweiligen Systeme. So können Sie sich über die Komplexität der Dinge einen Überblick verschaffen.

Selfness-Arbeitsblatt System-Matrix 1: »**Ziele-Matrix**«

Haben Sie vor, das Rauchen aufzugeben, einen PC-Kurs zu belegen oder Millionär zu werden? Schreiben Sie Ihre sechs wichtigsten Ziele auf – konzentriert und spontan.

Tragen Sie diese Ziele in der Matrix in gleicher Reihenfolge waagrecht in die erste Zeile und senkrecht in die erste Spalte ein.

Beurteilen Sie nun **Zeile für Zeile – und Spalte für Spalte – von links nach rechts**, welchen Einfluss die jeweiligen Größen aufeinander haben. Für die jeweilige Intensität vergeben Sie folgende Werte:

– 2 = starke Hemmung (stark negativer Einfluss)
– 1 = mäßige Hemmung (mäßig negativer Einfluss)
0 = neutraler Einfluss (weder negativer noch positiver Einfluss)
+ 1 = mäßige Förderung (mäßig positiver Einfluss)
+ 2 = starke Förderung (stark positiver Einfluss)

Tragen Sie in die erste Spalte zum Beispiel eine +2 ein, wenn das unter (1) genannte Ziel das unter (2) stehende Ziel stark fördert – entsprechend eine –2, wenn dieser Einfluss sehr hemmend ist, und eine Null, falls eine neutrale Beeinflussung besteht.

Am Schluss bilden Sie wie vorgegeben die jeweiligen Spalten- und Zeilensummen durch einfaches Addieren Ihrer vergebenen Werte.

Beachten Sie nun die insgesamt relativ stärksten (positiven) und schwächsten (negativen) Werte der Rubrik »Zeilensumme«:

- Der (relativ) positivste Wert repräsentiert Ihren »Verbündeten«: Diese Größe fördert Ihr Handlungs- und Zielesystem und stabilisiert es am meisten. Hier sollten Sie fragen, ob es Möglichkeiten gibt, diese/n Verbündete/n noch mehr zu stärken? Was müsste sich in Zukunft ändern, damit der positive Wert dieser Ziele insgesamt noch höher ausfällt?
- Der (relativ) negativste Wert repräsentiert dagegen Ihren »Störer«: Diese Größe hemmt Ihr Handlungs- und Zielesystem und destabilisiert es am stärksten. Hier sollten Sie fragen, welche Möglichkeiten

es gibt, diese/n Störer in seiner negativen Wirkung zu schwächen oder zu neutralisieren? Was müsste sich in Zukunft ändern, damit der negative Wert dieser Ziele insgesamt schwächer ausfällt? Was wäre, wenn Sie ganz darauf verzichten?

Zum Beispiel:

I. Ziele

(1) Rauchen aufgeben (Abkürzung: RAU)
(2) PC-Kurs (PC)
(3) Karriere forcieren (KAR)
(4) Haus bauen (HAU)
(5) Promovieren (DR.)
(6) Familienleben intensivieren (FAM)

II. Matrix entsprechend benennen und Wirkungen eintragen

»Ziele-Matrix«

➔ **Wirkungsrichtung** (hemmt oder fördert; Erläuterung im Text)

ZIELE	1. RAU	2. PC	3. KAR	4. HAU	5. DR.	6. FAM	**Zeilen-summe**
1. RAU		0	2	1	0	2	5
2. PC	0		1	0	1	1	3
3. KAR	-1	-2		1	-2	-2	-6
4. HAU	1	-1	-2		-2	-1	-5
5. DR.	-1	-1	2	-2		-1	-3
6. FAM	2	-1	-1	0	-1		-1

Im Beispiel bedeuten etwa die Werte 0, +2, +1, 0 und +2 in der ersten Zeile der Reihe nach für das Ziel »Rauchen aufgeben«:
(a) 0: würde individuell auf das Ziel »PC-Kurs absolvieren« völlig neutral wirken, weder positiv noch negativ.
(b) +2: würde die Karriere sehr stark fördern (Spitzenkräfte in der Firma rauchen nicht!, zudem bessere »Kondition«)

(c) +1: würde das Ziel »Haus bauen« fördern (bessere finanzielle Möglichkeiten)
(d) 0: würde auf die Promotion weder positiv noch negativ wirken
(e) 2: würde ein intensiviertes Familienleben sehr stark fördern (Ehefrau ist Nichtraucherin)

III. Werte zusammenzählen

Für jede Zeile einfach die eingetragenen Werte zusammenzählen und rechts in die Spalte »Zeilensumme« eintragen

(1) Störer (relativ negativster Wert): Karriere (Wert: –6) und Haus bauen (–5)

(2) Verbündeter (relativ positivster Wert): Rauchen aufgeben (+5) und PC Kurs (+3)

IV. Bewertung/Interpretation

Grundsätzlich gilt: Jede Matrix ist subjektiv und von den persönlichen Lebensumständen abhängig.

Im völlig beliebig gewählten Beispiel würden die Ziele »Karriere machen« und »Haus bauen« das individuelle Handlungsgefüge am stärksten hemmen, belasten und stressen. Umgekehrt hätten die Ziele »Rauchen aufgeben« und »PC-Kurs absolvieren« sehr förderliche Auswirkungen auf das gesamte persönliche Handeln.

Im Beispiel müsste sich der Handelnde etwa gezielt fragen, ob und wie er seine Karriere familienverträglicher gestalten könnte – und eventuell das Ziel »Haus bauen« aufgrund der negativen Auswirkungen und Belastungen (vorerst) aufgeben.

Gleichzeitig belegt die Matrix nachdrücklich, wie positiv sich die Realisierung der Ziele »Rauchen aufgeben« und »PC-Kurs absolvieren« auswirken würde.

Ihr Arbeitsblatt »Ziele-Matrix«

»Ziele-Matrix«

ZIELE	1.	2.	3.	4.	5.	6.	**Zeilen-summe**
1.							
2.							
3.							
4.							
5.							
6.							

Zeilensumme:

(1) Störer (relativ negativster Wert): ____________________

(2) Verbündeter (relativ positivster Wert): ____________________

Persönliche Bewertung/Interpretation:

____

____

____

____

Selfness-Arbeitsblatt System-Matrix 2: **»Firmen-Matrix«**

Wählen Sie nun ein Ihnen vertrautes komplexes »Alltagssystem«, am besten Ihre Firma oder Ihr unmittelbares Arbeitsumfeld. Wählen und definieren Sie nun die jeweiligen Systemteile – etwa Führungsstil, Produktivität, Betriebsklima, Arbeitsmarktsituation, Gewinn, Image, Mitarbeiter-Know-how, Personalkosten und so weiter. Diese tragen Sie in gleicher Reihenfolge vertikal wie horizontal in das Arbeitsblatt »Firmen-Matrix« ein.

Gehen Sie nun genauso vor wie im Beispiel der »Ziele-Matrix« und bestimmen Sie anhand der fünfstufigen Skala von – 2 bis + 2, welchen Einfluss die jeweiligen Größen aufeinander haben.

Am Schluss bilden Sie wie vorgegeben die jeweiligen Spalten- und Zeilensummen durch einfaches Addieren Ihrer vergebenen Werte.

Beachten Sie nun die insgesamt relativ stärksten (positiven) und schwächsten (negativen) Werte.

Entscheidend ist wieder die Zeilensumme:

- Der (relativ) positivste Wert repräsentiert Ihren »Verbündeten«: Diese Größe fördert Ihr Firmensystem und stabilisiert es am stärksten. Für die praktische Arbeit und Systembehandlung fragen Sie sich: Was müsste sich in Zukunft ändern, damit dieser Wert insgesamt noch höher ausfällt?
- Der (relativ) negativste Wert repräsentiert dagegen Ihren »Störer«: Diese Größe hemmt Ihr Firmensystem und destabilisiert es am stärksten: Hier sollten Sie fragen, welche Möglichkeiten es gibt, diesen Störer in seiner negativen Wirkung zu schwächen oder zu neutralisieren.

»Firmen-Matrix«

System-teile	1.	2.	3.	4.	5.	6.	Zeilen-summme
1.	■						
2.		■					
3.			■				
4.				■			
5.					■		
6.						■	

Zeilensumme:

(1) Störer (relativ negativster Wert): ____________

(2) Verbündeter (relativ positivster Wert): ____________

Persönliche Bewertung/Interpretation:

____

____

____

____

____

Eine weitere hervorragende Möglichkeit, um Ihre systemischen Denkkompetenzen ganzheitlich zu schulen und zu fördern, liegt im spielerischen Umgang mit komplexen Szenarien von *Computerprogrammen*. Dabei sind im Übrigen viele marktgängige interaktive Computerspiele sehr komplexitätstauglich. Es müssen keine kriegerischen Sternenschlachten sein, es genügt, wenn Sie etwa einen Bundesligaverein erfolgreich zu führen versuchen oder sich an Frederic Vesters »Ökolopoly«-

Computerszenario üben. Aufgrund ihrer hochkomplexen Rückkoppelungen simulieren diese PC-Spiele die wirkliche Dynamik von dynamischen Systemen, so dass man sich an allgemein gültigen Grundlagen des Systemdenkens orientieren kann:

a) Eigenschaften des Ganzen erkennen und Erklärungen nicht aus den Einzelteilen ableiten wollen
b) Zusammenhänge, Abhängigkeiten, Interaktionen, Zirkularitäten und Netze beachten
c) Umweltfaktoren und System als Teil desselben Netzwerkes verstehen
d) Verhaltens- und Handlungsmöglichkeiten stufengerecht und im Rahmen der Wirkungsverläufe begreifen
e) Grenzen der Machbarkeit und direkter Eingriffsmöglichkeiten erkennen und akzeptieren

Wie die Forschung zeigt, lauern hier existenzielle *Denkfallen,* die es zu vermeiden gilt, wenn Sie in Sachen Selfness einen guten Schritt nach vorn machen wollen:

1. Falle: *Probleme sind eindeutig objektiv gegeben* – und müssen nur noch ausreichend klar formuliert werden.

Falsch! Probleme sind in komplexen Systemen in aller Regel nur Symptom für tiefer liegende Zusammenhänge. Eine Situation muss immer in einem größeren Ganzen aus unterschiedlichsten Blickwinkeln betrachtet werden. Nur so können wir feststellen, welche Elemente, Teile und Beziehungen für die jeweilige Problemsituation von Bedeutung sind, wie sie zusammenhängen und sich beeinflussen.

Praktische Tipps:
- Nehmen Sie sich genügend Zeit für die Erfassung einer Problemsituation, ihrer »Perspektivenvielfalt« und Zusammenhänge.

- Klären Sie Ihre Ziele ab, um Leitplanken, Richtungen und gewollte Muster wie Grenzen erkennen zu können; dabei dominieren langfristige Ziele, zukünftige Entwicklungspfade und Verhaltensmuster als Ausgangspunkt.

2. Falle: *Jedes Problem ist direkte Konsequenz einer zu suchenden Ursache* – und kann ausreichend verstanden werden.

Falsch! Wir sind zwar gewohnt, Probleme in eindeutige Ursachen und (Folge-)Wirkungen zu zergliedern – in komplexen Problemsituationen sind diese jedoch nur in seltenen Ausnahmefällen erkennbar. Deswegen geht es primär um die Qualität des nur qualitativ erfassbaren *Wirkungsgefüges* der wechselseitigen Beeinflussungen oder »Verursachungen«.

Praktische Tipps:

- Beachten Sie in Analysen von Teilen immer auch das Ganze. Suchen, erkennen und analysieren Sie Vernetztheiten und Wirkungsverläufe: Welche (Aus-)Wirkungen und Dynamiken haben die jeweiligen Teile und Interaktionen? Wo gibt es zirkuläre, nichtlineare und »springende« Wirkungen (kleine Ursache – große Wirkung)? Welche Schwellwerte und Umkippeffekte sind zu beachten?

3. Falle: *Verhalten ist grundsätzlich vorhersagbar* – notwendig ist nur eine ausreichende Informationsbasis.

Falsch! Aus *allen* oben aufgeführten Merkmalen von komplexen Systemen folgt zwingend, dass ihr Verhalten und ihre Evolution *nie* völlig vorherbestimmt werden können – ob es sich nun um die Börse, eine Fußballmannschaft oder das eigene Selbst handelt.

Praktische Tipps:

- Bauen Sie eine Szenario-/»Simulierungs«-Sensibilität auf und entwickeln Sie mit PC-Szenarien und/oder einer kontinuierlich praktischen Arbeit mit der »System-Matrix« ein Gespür für komplexe Systeme, ihre Rahmenbedingungen und Prozesse; dazu zählt auch das rein mentale Simulieren.

- Bewahren Sie eine kritische Zurückhaltung im Umgang mit komplexen Systemen und bedenken Sie, dass keine noch so genaue Detailanalyse endgültige Sicherheit bringen kann.

- Richten Sie Ihr Augenmerk auf Chancen und Gefahren, wenn Sie Veränderungen nicht beeinflussbarer Umwelt-Schlüsselgrößen einbeziehen.

4. Falle: *Jede Problemsituation lässt sich grundsätzlich beherrschen* – es ist alles eine Frage des Aufwandes und der Vorgehensweise.

Falsch! Kein komplexes System ist gänzlich beherrschbar – bei noch so großem Aufwand und überlegter Vorgehensweise. Eine qualitative Lenkung dagegen ist möglich, wenn man die grundlegenden Wirkungszusammenhänge erkannt und verstanden hat. Dabei gibt es aber nie *die* einzig mögliche Lenkung: Auch wenn der lineare Glaube an den »archimedischen Punkt« weit verbreitet ist, muss man über das ganze System oder Netzwerk verteilte Lenkungsmechanismen akzeptieren.

Praktische Tipps:

- Erfassen Sie die unterschiedlichen Lenkungs- und Gestaltungsebenen.

- Simulieren Sie Eingriffsmöglichkeiten im Netzwerk, um ein Gespür für gezielte Eingriffe zu entwickeln.

5. Falle: *Man kann und muss klare, eindeutige Problemlösungen finden, in die Praxis umsetzen und deren Wirkungen vorhersagen.*

Falsch! In komplexen Systemen schaffen vermeintlich klare

Sofortmaßnahmen und Einzeleingriffe kaum sinnvolle, dauerhafte Lösungen – umso weniger, je vernetzter eine Problemsituation und ihre unterschiedlichen Wirkungsgefüge sich darstellen. Man muss vielmehr immer Rückkopplungen und die Eigenschaften der Teile im Rahmen des größeren Ganzen berücksichtigen.

Praktische Tipps:

- Suchen Sie nach systemangemessenen Lösungen, Strategien und Handlungsmöglichkeiten und berücksichtigen Sie dabei unterschiedliche Kombinationen (Synergien).
- Fördern Sie die (Teil-)System-Autonomie und stärken Sie bei sozialen Systemen ganz bewusst die Selbstorganisation.

6. Falle: *Mit der Umsetzung der Lösungshandlung ist das Problem endgültig gelöst.*

Falsch! Mit keiner (Lösungs-)Handlung wird die Komplexität vernetzter Systeme verringert – vielmehr eher erhöht. Daher ist ein Problem nur ausnahmsweise »endgültig« lösbar. Auch das hochkomplexe System der eigenen Persönlichkeit ist bei noch so entwickelter Selfness und gelungener, problembereinigender Gestaltungsarbeit am Selbst vor weiteren Schwierigkeiten nicht sicher.

Prinzipiell können immer neue Schwierigkeiten auftauchen oder ältere sich zu einem späteren Zeitpunkt wieder bemerkbar machen – eventuell an einem anderen »Systemteil«. Allerdings kann das Eigen-Controlling mit frühzeitigem Erkennen von Problemen, Veränderungen und Änderungsmöglichkeiten die Persönlichkeit stärken.

Praktische Tipps:

- Prüfen Sie kontinuierlich und kritisch Veränderungen in System und Umwelt.

- Gestalten Sie Problemlösungsprozesse im System so, dass sie zukünftig möglichst selbsttätig ablaufen und sich rasch anpassen können.

✔ Übung: **Systemdenken**

Nehmen Sie sich nochmals etwas Zeit für Ihre »Firmen-Matrix«. Klären Sie nun zwei wichtige Fragenkomplexe:

1. Was bedeuten Komplexität, Intransparenz, Vernetztheit, Dynamik und Polytelie in Ihrem System praktisch?

- Komplexität

____

____

- Intransparenz

____

____

- Vernetztheit

____

____

- Dynamik

____

____

- Polytelie

____

____

2. Welche Denkfallen gibt es in diesem System – und wie kann man sie unter Vermeidung der aktuell aufgeführten fünf Denkfallen nachhaltig entschärfen?

- Eigenschaften des Firmenganzen erkennen und Erklärungen nicht aus den Einzelteilen ableiten wollen

- Zusammenhänge, Abhängigkeiten, Interaktionen, Zirkularitäten und Netze beachten

- Umweltfaktoren und Firmenentwicklung als Teil desselben Netzwerkes verstehen

- Verhaltens- und Handlungsmöglichkeiten stufengerecht und im Rahmen der firmeneigenen Wirkungsverläufe begreifen

- Grenzen der Machbarkeit und direkter Eingriffsmöglichkeiten erkennen und akzeptieren

Metaphorisches Denken

Im Folgenden wollen wir Sie mit einer für Selfness und das Neue Denken wichtigen Dimension vertraut machen, die in vielen Lebenszusammenhängen eine elementare, existenzielle Rolle spielt und dennoch bisher merkwürdig »dunkel« geblieben ist: das *metaphorische Denken.*

So erkannte der Philosoph Thomas Kuhn: »Wir sehen nichts, bis wir die richtige Metapher für etwas haben.«

Haben wir bisher mit dem Systemdenken eine Art Grundlagenpflicht beschrieben, geht es beim metaphorischen Denken um eine entscheidende Vertiefung des Neuen Denkens.

Um die Tragweite und Bedeutung zu verstehen, muss man sich zunächst vom weit verbreiteten Missverständnis lösen, Metaphern seien rhetorische Tricks, rein poetische Stilmittel oder flache Alltagsklischees: als »Schmuck« oder »anschauliche Rede« vielleicht nett und interessant, manchmal auflockernd – aber nicht wirklich wichtig. In jedem Fall ungeeignet, um »richtige« Erkenntnisse zu gewinnen und zu formulieren.

Wie die interdisziplinäre Forschung der letzten Jahre gezeigt hat, sind Metaphern keineswegs einfache Sprachphänomene oder wissenschaftlich überflüssiger »Sprachschmuck«, sondern vielmehr grundlegendes Instrumentarium für *Denken, Fühlen und Verhalten.* Vor allem die so genannte konzeptuelle Metapherntheorie von George Lakoff und Mark Johnson versteht sie als mächtige Kognitionen oder Schemata *(cognitive tools),* die unser Denken, unsere Sprache und unser Handeln bestimmen.

Die immer häufiger kolportierte »Macht der Metapher« kann man nicht hoch genug einschätzen: für den Alltag und die Alltagsbewältigung jedes Einzelnen ebenso wie für die Wissenschaften. »Psychologische Theorien beruhen auf metaphorischen Modellen«, beschreibt beispielsweise Psychologieprofessor Walter Herzog die Grundlagen seiner Wissenschaft, »ohne die sie als Erkenntnisinstrumente nicht funktionieren können.« Solche metaphorischen Modelle bestimmen demnach als übergeordneter Bedeutungsraum das gesamte theoretische Denken *und* praktische Handeln der Psychologen – ob der Behaviorist den Menschen als Reiz-Reaktions-*Maschine* begreift oder der moderne Kognitivist die menschliche Psyche als *Computer*. Bei genauerem Hinsehen sind alle Wissenschaften ein einziges »Metapherngestöber«, wie beispielsweise der Wissenschaftstheoretiker Armin Burckhard nachweisen konnte.

Eines der prominentesten Beispiele für die unterschätzte Macht metaphorischen Denkens in der Wissenschaftsgeschichte ist Charles Darwin. Obwohl er schon jahrelang gewusst hatte, dass die alte statische Weltsicht falsch sein musste, verdankte seine Evolutionslehre den entscheidenden Impuls einer Metapher, wie er im Untertitel seines epochalen Werkes ›Über die Entstehung der Arten durch natürliche Zuchtwahl‹ dokumentierte: ›– oder die Erhaltung der Rassen im *Kampfe ums Dasein*‹. Die Erleuchtung durch das sein Bewusstsein neu organisierende Bild des *Kampfes ums Dasein* fand er bei der Lektüre des Theologen und Zeitgenossen Robert Malthus. Seiner Theorie zufolge vermehrt sich die Bevölkerung in ihrem »immerwährenden Kampf ums Dasein« so lange, bis sie wieder durch Krieg, Krankheit, Hunger oder Naturkatastrophen vermindert wird.

Wie Darwin in seiner Autobiografie belegt, schuldete er dieser Metapher sein intellektuelles Heureka-Erlebnis. Die Metapher des Daseinskampfes setzte seinen Geist gleichsam so unter Strom, dass er alle Ideen, Gedanken, Bilder und Gefühle in eine neue Perspektive integrieren konnte – schlagartig öffneten sich ihm die neuen Dimensionen des Denkens: In der ganzen Natur *bekämpfen* die Spezies einander in einem anhaltenden *Krieg* um Selbstbehauptung, so dass nur an ihre Umwelt angepasste Arten überleben können, während unangepasste aussterben.

Man vergisst heute, dass Darwins Denken und sein Evolutionskonzept auf *metaphorischen* Grundlagen beruht und ohne diese undenkbar wäre. Im Gegensatz zu vielen anderen Forschern und Wissenschaftlern war sich Darwin aber bewusst, dass seine Weltsicht metaphorisch war, er bei aller empirischen Beobachtung weitgehend metaphorisch dachte und mithilfe dieser metaphorischen Denkperspektiven die ganze Natur erklärte. So betont der englische Gelehrte im Vorwort der ›Entstehung der Arten‹, dass er »den Kampf ums Dasein *in einem weiten und metaphorischen Sinne* gebrauche«.[16]

Trotz der eminenten Bedeutung metaphorischen Denkens und Sprechens blieben Metaphern jahrzehntelang unbeachtet, sie waren Opfer von Vorurteilen, Halbwahrheiten und Stereotypen einer allzu rationalistischen Orientierung. Im Sog der bahnbrechenden Arbeit des Linguisten George Lakoff und des Philosophen Mark Johnson haben sich in den letzten Jahren jedoch auch hierzulande immer mehr Sprachwissenschaftler, Sozialwissenschaftler, Gedächtnisforscher, Wissenschaftstheoretiker und Philosophen mit der multidimensionalen Metapher beschäftigt. Lakoffs und Johnsons kognitive Metapherntheorie entlarvt die traditionelle Auffassung von Metaphorik als unhaltbar. Metaphern sind weit mehr als nur rhetorische Stilmittel oder banale Sprachblüten alltäglicher Konversationen: Sie sind als Modalität unseres Geistes ein kognitives Phänomen und Ausdruck des Denkens.[17]

»Die Metapher«, betont etwa Gregory Bateson, »ist ein unentbehrliches Werkzeug des Denkens und Charakteristikum aller menschlichen Kommunikation.«

Lakoff und Johnson haben in vielen Arbeiten das weite Feld der Metaphern philosophisch, linguistisch, kognitiv und kulturell analysiert und ihre umfassende Bedeutung konsequent formuliert: Metaphern sind erkenntnis- und handlungsorientierende Schemata, sie haben die Macht, neue Wirklichkeiten zu schaffen und unser Denken und Fühlen zu verändern. Ohne Metaphern und metaphorisches Denken wären wir blind für unsere Wirklichkeit.

Lakoff und Johnson unterscheiden wesentlich zwischen *mani-*

festen und *konzeptuellen* Metaphern. Manifeste Metaphern sind alltagssprachlich formulierte Sprachbilder, etwa wenn wir von Wolkenkratzern, Motorhauben und Glühbirnen sprechen oder vom Flussbett und dem Vater Staat oder davon, ins Schwarze getroffen zu haben, uns zurückzuziehen, verstrickt oder ganz beschwingt zu sein. Solche metaphorischen Sprachbilder gründen in vielschichtigen *konzeptuellen Metaphern,* die wir erst bewusst erschließen müssen. Lakoff und Johnson haben in umfangreichen Sprachanalysen gezeigt, dass unsere gesamte Kultur – Alltag und Rechtsprechung, Wissenschaft und Politik – auf solchen verborgenen, unbewussten metaphorischen Feldern beruht.

Die Metapher *Zeit ist Geld* birgt ihrerseits viele Bilder in sich, die in die »Familie« passen – sprachlich manifest wird dies in unzähligen Formulierungen wie: *er hat meine Zeit vergeudet, ich habe keine Zeit zu verschenken, das hat mir Zeit gespart, diese Autopanne kostete mich eine Stunde, er hat sich für mich wertvolle Zeit genommen, ich habe in diese Beziehung viel Zeit investiert, das ständige Fernsehen ist verschwendete Zeit* und so weiter.

Konzeptuelle Metaphern schaffen also ein metaphorisches *Bedeutungsfeld,* das viel zu denken, zu sehen und zu fühlen gibt. Es »schwingt« gewissermaßen so, dass es einen ganzen Komplex von kognitiven Assoziationen, bildhaften Vorstellungen und Emotionen hervorruft.

Ähnlich denken, handeln und fühlen wir im Bereich des Wissens und Erkennens mit dem metaphorischen Konzept *Wissen ist Sehen:* Formulierungen wie *das habe ich eingesehen, das scheint mir offensichtlich, ein scharf umrissener Gedanke, er ist der Ansicht, ihm ging ein Licht auf, dies war eine Erleuchtung* und so weiter wären alle sinnlos, wenn wir ihren Gehalt nicht innerhalb des metaphorischen Bedeutungsfeldes *Wissen ist Sehen* erschließen würden.

Wie unten stehende Tabelle zeigt, gilt Ähnliches für andere konzeptuelle Metaphern wie beispielsweise *der Geist ist eine Maschine (uns rauchen die Köpfe), Oben ist gut/Unten ist schlecht (tiefe*

Krise, der Euro ist gestiegen), die *Röhren-* oder *Ideen-sind-Behälter-*Metapher *(seine Worte enthalten nichts, das wirkt alles hohl, du solltest mehr Inhalt in weniger Worte packen),* die *Seele-ist-ein-zerbrechliches-Gut-*Metapher *(ihr Selbstwertgefühl ist etwas fragil, meine Psyche war ein Scherbenhaufen)* – und sehr, sehr viele andere. Wenn wir nicht bewusst darüber nachdenken, bleibt ihr metaphorischer Charakter im Dunkeln.[18] Konzeptuelle Metaphern sind Eisberge, so der Metaphernforscher Max Black, deren ganze Größe zunächst verborgen bleibt.

Metaphorisches Denken ist notwendige Grundlage für die Sinnfindung im individuellen Alltag. Michael Buchholz, Psychotherapeut und Metaphernforscher, meint: »Die Metapher erlaubt uns das eigentlich ›Unsagbare‹ zu formulieren, viele Bereiche denkend zu erschließen, Zukunftsperspektiven zu öffnen, Neues oder Unbekanntes zu integrieren.« Auch wenn wir uns dessen nicht bewusst sind, gestalten und bestimmen Metaphern unser Denken und Fühlen ebenso wie unser Handeln.

Konzeptuelle Metaphern	**Abgeleitete metaphorische Formulierungen**
Zeit ist Geld	– er hat in das Projekt viel Zeit investiert – das kostet eine Menge Zeit
Oben ist gut/Unten ist schlecht	– ich bin Spitze – ich fühle mich völlig am Boden – er ist tief gefallen
Verstehen ist Sehen / Wissen ist Licht	– sie erkannte den Sinn seiner Rede – ich blicke durch – ihm ging ein Licht auf – dies war eine Erleuchtung
Das Unternehmen ist eine Maschine	– Abteilungen müssen Räderwerke sein – das funktioniert wie geschmiert

Der Geist ist eine Maschine	– uns rauchen die Köpfe – der hat ein Rad ab
Ideen sind Behälter	– seine Rede ist leer – das sind nur Worthülsen
Leben ist Kampf	– hier ist der reine Dschungel – dann frisst dich die Konkurrenz
Das Leben ist eine Reise	– wir sind unterwegs – wir können nicht mehr zurück

Die wesentliche Funktion der konzeptuellen Metapher liegt auch für Lakoff und Johnson darin, das *Komplexe, Unübersichtliche und Abstrakte zu konkretisieren, es »fassbarer« zu machen und Handlungsoptionen zu schaffen.* Den beiden Metaphernforschern zufolge begreifen wir mithilfe von konzeptuellen Metaphern das Leben; Metaphern strukturieren quasi unsere Alltagsrealität.

Die konzeptuelle Metapher *Argumentation ist Krieg* beispielsweise begründet folgende Auswirkungen auf der Sprachebene:

Beim Argumentieren sind die alltagssprachlichen Formulierungen – und das entsprechende Verhalten – »kriegerisch« geprägt:

- Ihre Position und Behauptungen sind *unhaltbar.*
- Er hat *jede Schwachstelle* meiner Argumentation *angegriffen.*
- Seine Kritik *traf ins Schwarze.*
- Ich habe sein Argument *abgeschmettert.*
- Ich will und werde diese Auseinandersetzung mit ihm *gewinnen.*
- Sie sind anderer Meinung? Nun, *schießen Sie los!*

- Wenn du nach dieser *Strategie* vorgehst, wird er dich *vernichten.*
- Er hat meine Argumente völlig *niedergemacht.*

Und so weiter.

Sinnvolle Metaphern und das metaphorische Denken schmieden geradezu die Schlüssel für die allzu oft verschlossene Tür der Wissensgesellschaft und sind ein wichtiges Selfness-Tool, weil sie dem Individuum im Alltag ebenso Zugänge zu komplexen Wirklichkeiten ermöglichen wie Managern, Wissenschaftlern oder Politikern.

Die neuen Dienstleistungsmärkte der Informations- oder Wissensgesellschaft machen auch neue Führungskräfte und Mitarbeiter notwendig. Ob es sich nun um Manager oder Angestellte, Selbstständige, traditionelle Beamte oder moderne Wissensarbeiter handelt – alle brauchen neben der jahrzehntelang vorherrschenden Fach- und Methodenkompetenz nun auch die »Neuen Intelligenzen« der Sozial- und Persönlichkeitskompetenz und des ganzheitlichen, systemischen »Denkens in Zusammenhängen«.

Wie wir im Folgenden beispielhaft verdeutlichen, geht es bei jeder der in Hauptkapitel I beschriebenen, für Selfness grundlegenden Schlüssel- oder Metaqualifikationen neben der dargestellten »analytischen Pflicht« immer um die metaphernfundierte »Kunst des Ganzen«: *Jegliches schlüssel- oder metaqualifizierte Denken und Handeln beruht im Privatleben und im Beruf unausgesprochen und unreflektiert auf metaphorischen Grundlagen.*

Die Emotionsforschung dokumentiert, dass unsere Sprache für die hochkomplexe Welt der Gefühle und Stimmungen nur über relativ wenige Begriffe verfügt und wir sie daher nur mit Analogien und Metaphern ausdrücken und kommunizieren können. Ob wir von einem »klebrigen Rosa« oder »dumpfen Braun« sprechen, Schmerzen als brennend, stechend, reißend oder klopfend charakterisieren oder unsere Liebe als hohe Zeit der Rosen und des Weines, als »ein Bad in Honig« (Woody Allen) oder »Schlachtfeld« (derselbe) bezeichnen: Ohne Metaphern und ohne metaphorisches Denken und Sprechen verstehen wir unsere Gefühle nicht und können sie nicht mitteilen. »Je höher wir uns auf der Skala der menschlichen Emotionen bewegen«, so die Emotionsforscherin Carola Maier-Seethaler, »desto vielschichtiger werden die Metaphern.«

Dabei merken wir bei den meisten traditionellen Gefühlsbegriffen, dass sie selbst überwiegend metaphorischen Ursprungs sind: *Betrübnis, Niedergeschlagenheit, Empörung, Hingabe* und so weiter. Umgekehrt sind viele wissenschaftliche Emotionskonzepte selbst metaphorisch: *Flow* zum Beispiel oder *Burn-out.*

Maier-Seethaler unterscheidet einfache situative Affekte von länger anhaltenden Stimmungen oder Lebensgefühlen – eine Differenzierung, die im etwas überschätzten Bestseller ›Emotionale Intelligenz‹ von Daniel Goleman beispielsweise keine Rolle spielt. Da diese höherdimensionalen Lebensgefühle aber elementar von den existenziellen metaphorischen »Weltbildern« – ob man das *Leben als Kampf* versteht oder sich selbst als *Versager, Held, Löwe* oder *Schlange* sieht – abhängen, können sie auch nur in einer metaphorischen Weise formuliert werden.

Wie sehr wir in der komplexen Welt aller kleinen und großen Gefühle auf Metaphern angewiesen sind, wird vor allem in der Psychologie und Psychotherapie deutlich. So zeigen Beispiele des amerikanischen Psychologen Daniel Meichenbaum, dass traumatisierte Klienten ihre oft diffusen, aber immer komplexen psychologischen Zustände, Befindlichkeiten oder Stimmungen nur metaphorisch ausdrücken können. Sie empfinden sich als »tickende Zeitbombe kurz vor der Explosion«, ihr Dasein als »Wiederholung eines Horrorfilms, der nie aufhört«, als »Roboter ohne Gefühle« oder gefangen »in einer Höhle, aus der es kein Entkommen gibt«.

✔ Übung: Gefühlsmetaphern

1. Wie fühlen Sie sich gerade? Einfach nur gut? Oder nicht so gut? Sind Sie gelassen oder konzentriert und gespannt wie der Bogen eines Pfeilschützen? Müde oder könnten Sie Bäume ausreißen?

Versuchen Sie, Ihren momentanen Zustand mit einem Gefühlsbegriff so genau wie möglich zu beschreiben. Suchen Sie dann ein Bild oder einen Vergleich dafür:

____

____

____

____

2. Wie fühlten Sie sich in Ihren besten Momenten – beschreiben Sie Ihre positiven emotionalen Erfahrungen so genau wie möglich:

____

____

____

____

3. Wie fühlten Sie sich in Ihren weniger guten Momenten – beschreiben Sie Ihre Tiefpunkte so genau wie möglich:

____

____

____

____

4. Wie metaphorisch sind Ihre Formulierungen? Konnten Sie bei der Beschreibung Ihrer Emotionen auf Metaphern verzichten?

____

____

____

____

Sozialkompetenz oder kommunikative Kompetenz gilt wie erläutert ganz allgemein als Fähigkeit, zwischenmenschliche Beziehungen mit anderen konstruktiv und kooperativ zu gestalten, Kollegen, Mitarbeiter oder Lebenspartner in ihrem Handeln zu verstehen und mit ihnen angemessen umzugehen.

Im Einzelnen sollten sozial kompetente Menschen folgende Fähigkeiten besitzen: Einfühlungsvermögen, Kommunikationsfähigkeit, Gruppenfähigkeit, Kooperations- und Konfliktlösungsfähigkeit.

Für Psychologen und Verhaltensforscher ist Sozialkompetenz ein komplexes Gefüge aus Wahrnehmungs-, Denk- und Handlungsstrukturen, das sich durch sämtliche Lebensbereiche zieht und das kommunikative Zusammenleben mit anderen erst ermöglicht.

Wie ein genauerer Blick in die Kommunikationsforschung aber zeigt, verstehen und gestalten wir die Komplexität dessen, was »Kommunikationssystem« oder »dynamische Zeitgestalt« unserer Beziehungen genannt wird, praktisch immer auf der Basis metaphorischen Denkens. »Das alltagsweltliche wie auch wissenschaftliche Verständnis des Ausdrucks Kommunikation«, betont etwa Sprach- und Kommunikationsprofessor Werner Nothdurft, »ist hochgradig metaphorisch bestimmt.«

So geht es in jedem »Beziehungsmanagement« fundamental darum, die übergeordneten metaphorischen Denk- und Sprachbilder der Beziehung zu erkennen und zu koordinieren. *Komplexitätskompetenz bedeutet daher gerade in kommunikativen Zusammenhängen, sich neben den analytischen oder logischen Strukturen immer der metaphorischen Prozesse, Grundlagen oder Gestalten bewusst zu werden, sie zu reflektieren und zu integrieren.*

Psychologen und Therapeuten sind in ihrer kommunikativen Praxis so von metaphorischem Denken und Metaphernbildungen abhängig, dass sie die Metaphern, Bilder oder Sprachspiele ihrer Klienten übernehmen müssen, damit sich diese verstanden fühlen.

Dies gilt aber auch ganz privat. Unbewusst und unbemerkt beruht das komplexe Ganze unserer kommunikativen Interaktionen immer auf Metaphern oder Metapherngeflechten – und zwar unabhängig davon, ob Politiker, Hausnachbarn, Ehepaare, Wissenschaftler oder Geschäftspartner miteinander kommunizieren: Wer Streitgespräche mit *Krieg* gleichsetzt, wird Diskurse auch wie *Schlachten* führen, seinen Gegnern *das Wasser abgraben* und sie *in die Ecke drängen*.

Wer seine Beziehungen als *Geschlechter-Dschungel* empfindet, lebt in einer anderen kommunikativen Welt als jemand, der sich im sprichwörtlichen *Rosengarten* wähnt. Wer sein Leben nur als *Kampf* versteht, der denkt, fühlt und handelt in seinem Dasein in anderen Erlebniswelten als derjenige, der es als *Kunst* versteht. Und wer seinen Körper als *Maschine* betrachtet, wird ein anderes Leben führen als derjenige, der ihn als *Tempel der Seele* begreift.

✔ Übung: **Metaphernsprache der Beziehung**

Für die Beziehungsprobleme zwischen Männern und Frauen machen Psychologen zunehmend deren unterschiedliche, unvereinbare Metaphorik verantwortlich. Vor allem die Sprache der Männer basiert häufig auf Kampf-Metaphern aus dem sportlichen oder militärischen Bereich, für Frauen schafft dies aber keinen Bezugsrahmen, da sie in anderen Welten wohnen:

■ *militärisch*:
- Stellung beziehen oder halten
- in die Schusslinie geraten
- an vorderster Front stehen

■ *sportlich*:
- am Ball bleiben
- den K.O. verpassen
- einen Tiefschlag landen

1. Suchen Sie nach ähnlichen Formulierungen:

____

____

____

____

____

____

2. Welche Person/en in Ihrer Umgebung spricht/sprechen in solchen Metaphern? Was bedeutet dies für deren Handeln?

____

____

____

____

____

____

3. Ersetzen Sie nun *Kampf* durch eine andere Beziehungsmetapher – zum Beispiel: Beziehung ist *Spiel, Kunst(werk), Musik, Reise* und so weiter:

- Beziehung ist ________________

4. Wie lauten einige sprachliche (Alltags-)Formulierungen für die von Ihnen gewählte Metapher?

____

____

____

____

____

5. Was bedeutet dieser »Metaphernwechsel« für die kommunikative Praxis? Was verändert sich dadurch im Vergleich zu den obigen Metaphern im

- Denken

____

____

____

____

- Fühlen

____

____

____

____

- Handeln

____

____

____

____

Das metaphorische Beziehungsverständnis führt ein mächtiges Eigenleben. So weisen Lakoff und Johnson oder der Göttinger Mediziner, Psychotherapeut und Metaphernforscher Michael Buchholz ausdrücklich darauf hin, dass es gefährlich für eine Partnerschaft sei, wenn die Partner verschiedene Beziehungsmetaphern gebildet haben, wenn sie also der eine als »Lebensreise« und der andere als »Wirtschaftsunternehmen« versteht. Paartherapeuten wissen, dass viele Beziehungsprobleme in einer mangelnden Interaktion der »Beziehungsbilder« begründet liegen. »Ich wollte dir immer die Sterne am Himmel zeigen«, formulierte Else Lasker-Schüler die Metaphernproblematik vieler Paare, »aber du hast nur zu Boden geschaut.«

Auch die Art und Weise, wie wir in Sachen Selfness mit uns selbst umgehen, welchen Lebensentwurf und welches Selbstverständnis wir entwickeln, ist metaphorisch begründet. »Diese große Welt ist der Spiegel«, erkannte schon Montaigne, »in den wir hineinschauen müssen, um uns von Grund auf kennen zu lernen.« Nur mithilfe der Metapher, bilanzierte der Philosoph Ralf Konersmann jüngst seine intelligente Analyse über das Ich der Neuzeit, können wir unserer »Lebenskultur und ihrem Text Gestalt verleihen«.

Insgesamt dokumentiert die Psychologie zum Selbstkonzept, dass sich Persönlichkeit oder Subjektivität nicht in einer Weise begründen lassen, die »begrifflichen Ansprüchen genügt«, wie der Sozialpsychologe Kenneth Gergen meint, sondern auf das *metaphorische Konzept und Denken* angewiesen sind: das Ich als Abenteurer, Künstler, Kämpfer, Held oder Versager – und so weiter.

✔ Übung:
Ich-Bilder

1. Wie würden Sie sich im tiefsten Inneren charakterisieren:

____

____

____

2. Welche/s Bild/er oder welche Metapher/n gibt/geben Ihr Selbstverständnis am besten wieder?

____

____

____

3. Versuchen Sie, dieses Bildergeflecht in einer metaphorischen Formulierung auszudrücken:

____

____

____

4. Wie würden Sie Ihre Lebensvision beschreiben?

___

___

___

5. Welche/s Bild/er oder welche Metapher/n gibt/geben diese Vision am besten wieder?

___

___

___

6. Versuchen Sie, auch dieses Bildergeflecht in einer metaphorischen Formulierung auszudrücken:

___

___

___

Schließlich ist das im letzten Kapitel beschriebene Systemdenken ein Denken, das die Komplexität von Systemen bewältigt, so der gemeinsame Nenner in der Wissens- und Intelligenzforschung.

Systemforscher Günter Ossimitz kritisiert allerdings, dass systemisches oder vernetztes Denken ein inflationär gebrauchter Modebegriff geworden ist, der in der Forschung und der Weiterbildungsszene genauso beliebig eingesetzt wird wie in nahezu allen anderen Bereichen des öffentlichen Lebens. Es gebe »kaum Ansätze einer konzisen und griffigen Definition« des Schlüsselbegriffes: »Die einzelnen Autoren tun so, als wäre dies ohnehin klar, oder meinen vielleicht, dass sich die Bedeutung ohnehin aus der Art, wie der Begriff verwendet wird, ergeben müsste.«

Komplexe Probleme in »Modellen« kann man nicht wie einen mathematischen Dreisatz lösen: Man muss vielmehr ein

Gespür für das Wirkungsgefüge entwickeln und sich gewissermaßen darauf »einschwingen« können.

Dabei müssen die komplexen Denker Neuland betreten und angesichts der unüberschaubaren Verhältnisse heuristisch denken lernen. »Zur Bewältigung komplexer Welten«, betont Komplexitätsforscher Reither, »benötigt man Heurismen als übergreifende Konzepte.« Als Heuristik bezeichnet man alle kreativen Denkmethoden, mit denen man Neues erschließen kann (heuristisch bedeutet entsprechend richtungsweisend, erfindungs- oder erkenntnisfördernd). Die untrennbar miteinander verbundenen heuristischen Verfahren sind Analogiebildung, Modellbildung, Imagination und Metaphorik, wobei die Metaphorik eine übergeordnete Stellung einnimmt.

Die Bedeutung metaphorischen Denkens bei der Systemkompetenz betonen auch Komplexitätsforscher wie Dietrich Dörner und Franz Reither. Beim systemischen Denken haben alle formalen Ansätze und Strategien »höchstens den Charakter unterstützender Werkzeuge«, betont etwa Reither, »das eigentliche Handwerk und seine Kunst vermitteln sie nicht« – wobei die Kunst der Komplexitätsbewältigung derjenigen eines »Schiffsführers in teilweise unbekannten Gewässern ähnelt«.

Für Dörner und Reither sind *Analogien* der Königsweg komplexen Denkens. Allerdings zeigt ein genauerer Blick in die Forschung, dass das, was Dörner und viele andere Denk- und Komplexitätsforscher als Analogien bezeichnen, in vielen Fällen in höher dimensionierten Prozessen metaphorischen Denkens integriert ist.

Da der »Geist« aller komplexen Systeme und Phänomene metaphorisch ist – im Business und der Wirtschaft genauso wie in Wissenschaft, Politik und Alltagsleben –, sind Metaphern so etwas wie »Weltchiffren der Komplexität«, die uns die Orientierung erleichtern. »Metaphern geben einer Welt Struktur«, erkannte der große Philosoph und Metaphorologe Hans Blumenberg, »indem sie das nie erfahrbare, nie übersehbare Ganze der Realität repräsentieren.« Die Metapher übernimmt dort

Funktionen der Weltorientierung, wo der Begriff oder das logische Denken nicht hinreichen, also in nahezu allen undurchschaubaren komplexen Welten.

Selfness- und komplexitätsfähig kann unter diesen Vorzeichen nur sein, wer metaphorisches Denken mit all seinen kognitiven, emotionalen und bildhaft-symbolischen Dimensionen entfaltet und kultiviert. Wer im Wirtschaftsalltag Komplexität managen, Zusammenhänge verstehen und in »unüberschaubaren« Kontexten handeln möchte, muss metaphorisch denken – erst metaphorisch geschaffene Bedeutungsfelder eröffnen umfassende Einsichten und neue Horizonte.

Im Kern geht es beim komplexitätsfähigen Neuen Denken um Selfnessfragen wie: Welche Metaphern sind für mein Verständnis von Leben und Lebensgestaltung sinnvoll? Welche für den individuellen Businessalltag gültig? Was erhellen diese metaphorischen Denk- und Sprachbilder? Welche Denkperspektiven und welche »Handlungsanleitung« liefern sie? Welche Grenzen haben sie – was wird verdunkelt? Wie weit befruchten sie das Denken und Handeln? Mit welchen anderen metaphorischen Denk- und Sprachbildern könnte man den komplexen Herausforderungen und Problemen besser gerecht werden?

Um Ihre Intelligenz in einer komplexer und unübersichtlicher gewordenen Welt der Wirtschaft und im Business besser nutzen und entwickeln zu können, geht es gerade beim komplexitätsfähigen metaphorischen Denken ums Ganze – um Geist, Kopf, Herz und Bauch. Nur im metaphorischen Bedeutungsfeld steht der Geist gleichsam so unter Strom, dass er die vielfältigen kognitiven, bildlichen und emotionalen Dimensionen integrieren kann, ohne die komplexe Phänomene oder Systeme unverständlich bleiben müssen.

Das Denken in Metaphern verbindet also bildhaft-symbolische mit kognitiv-sprachlichen Prozessen, öffnet sie unseren Gefühlen, ermöglicht Handlungsräume – und macht das Komplexe »übersichtlich«.

Vor dem Hintergrund von Selfness ist das neue, komplexitätsfähige Systemdenken einer der wichtigsten Zukunftsnavigatoren für den Lebensunternehmer.

Traumdenken

Was bedeuten für Sie Träume? Sind Träume voller dunkler Abgründe? Oder gilt eher: Träume sind Schäume? Beide auch wissenschaftlich lange verfochtenen Sichtweisen sind seit Ende der 90er Jahre wohl endgültig widerlegt. Das Traumgeschehen ist weder mit der Metapher der leeren Psycho-Blasen zu verstehen, noch rühren dunkle Geister in der Nacht einen giftigen Seelentrank. »Der Traum«, resümiert Harry Fiss als Pionier der neuen Generation der Traumforscher das grundlegend gewandelte Traumbild, »ist *multifunktionale* Lebenshilfe«. In oft hochkomplex verdichteten, letztlich aber immer verständlichen und bedeutungsvollen (Sprach-)Bildern voller Emotionen stabilisieren Träume unsere Identität, regulieren unsere Stimmung und helfen uns, Probleme zu lösen, Stress zu verarbeiten und Sinn zu finden.

Dieser Wandel in der Sichtweise ist tatsächlich revolutionär – seine praktischen Auswirkungen sind gerade unter den Selfnessvorzeichen einer individuellen Komplexitätskompetenz noch nicht einmal ansatzweise begriffen.

Wie die neue Traumforschung der letzten Jahre gezeigt hat, verfügen wir mit dem über einen Zeitraum von etwa zwei Stunden aktiven Traumbewusstsein über ein mächtiges Selfness-Tool und eine noch weitgehend unerschlossene komplexitätsbewältigende Instanz.

Das Gehirn schläft nie – im Traum verwendet es nur viel häufiger analoge Strukturen, Empfindungen und abstrakte metaphorische Bilder oder Symbole als im tagesaktiven Denken und greift auch auf andere Felder und Dimensionen zurück. Der Traum verdichtet viele Splitter, Informationen, Gefühle, Wahrnehmungen, Ängste und Wünsche zu komplexen Mustern, bei denen er auch an das dem Wachbewusstsein nicht zugängliche Unbewusste rührt. Für viele Traumforscher bewältigt der Traum daher nicht nur komplexe Lebensprobleme oder Erfahrungen: Er ist gleichzeitig eine wichtige Quelle für Kreativität und Intuition.

Der Traum gilt nun auch bei Traumforschern als eigene Form des Denkens, Fühlens und Wissens. »Wer einmal begriffen hat«, bekennt A. Alvarez, der zu den »bekehrten« Traumskeptikern zu zählen ist, »welche komplexen Denkvorgänge und verstrickten, ambivalenten Gefühle einfach und überzeugend in brillanten Bildern ausgedrückt werden, den lässt dies nicht mehr los.«

Die lange verbreitete Sichtweise, den Traum als abstruse oder zufällige Randerscheinung unseres Seelenlebens abzutun, wird nun selbst suspekt. Die Forschung, insbesondere die Studien des Stanford-Psychologen Philip Zimbardo, macht deutlich, dass wir unser Dasein im Träumen und Wachen strukturell ähnlich erleben. Das Traumbewusstsein ist wie das Tagesbewusstsein hochkomplex und voller metaphorischer »Meta-Kognitionen« – reflexive Selbstkritik oder Wahlentscheidungen kommen im Traum sogar häufiger vor.

Natürlich träumen Menschen von absurd erscheinenden Verwandlungen, können auf einmal fliegen oder nehmen sich in völlig bizarren Raum- und Zeitbezügen wahr. Dennoch hat die empirische Traumforschung in den letzten Jahren ein sehr klares Bild davon gewonnen, dass die Trauminhalte deutlich wirklichkeitsnäher sind als bisher angenommen, und auch, dass das Traum-Ich mit dem Wach-Ich identisch ist. Die meisten Menschen sehen nachts daher auch keinen vermeintlich absurden Traumfilm als unbeteiligte Zuschauer, sondern sie erleben das Traumgeschehen als genauso wirklich wie das Leben im Wachen. »Der Film sind Sie selbst«, sagt Traumexperte Michael Schredl, »es geht um Ihr Leben.«

Der kanadische Forscher Don Kuiken konnte jüngst zeigen, dass Träume dazu beitragen, im Leben etwas zu verändern. Er fand heraus, dass sie nicht nur die Tagesstimmung beeinflussen, bei der Lösung von persönlichen Problemen helfen, die Kontaktsuche zu der Person fördern, von der man geträumt hat, und Ideen für kreative Tätigkeiten enthalten, sondern mitunter sogar die Zukunft vorhersagen.

Auch Alvarez ist der Ansicht, dass wir »einfach über unser Leben nachdenken, während wir schlafen« – nicht mit Worten oder abstrakten begrifflichen Konzepten, sondern »ganz konkret, in lebhaften, ausdrucksstarken Bildern und Metaphern«. Für Alvarez ist das Traumdenken auch eine »demokratische, für alle frei verfügbare Version« jenes instinktiven Denkens, das man bei kreativen Menschen »Inspiration« nennt.

Traumforscher wie Ole Vedfold betonen, dass metaphorische Traumarbeit nicht nur in der psychotherapeutischen Praxis zu kathartischen Durchbrüchen verhelfe, sondern auch im individuellen Alltag. So erlebte der amerikanische Schriftsteller Philip Roth das faszinierende Phänomen, dass Träume komplexe Denkvorgänge und verstrickte, ambivalente Gefühle metaphorisch einfach und überzeugend in brillanten Bildern und mimischer Sprache ausdrücken. »Dies ist ein Bild meines Vaters am Ende seines Lebens«, reflektierte er einen wichtigen Traum über seinen verstorbenen Vater, »das mein waches Tagesbewusstsein mit seinem Widerstand gegen wehleidige Metaphorik und poetisierende Analogien vermutlich niemals zugelassen hätte.«

Unser Traumdenken ist hochkreativ, wie berühmte »Traumlösungen« der Wissenschaftsgeschichte belegen. Der Chemiker Kékulé etwa »entdeckte« die Formel des geschlossenen Benzolrings in der Traummetapher einer in sich selbst zusammengezogenen Schlange. Es gilt mittlerweile auch empirisch als sicher, dass das alltägliche komplexe Erleben durch den Traum häufig bewusster, durchschaubarer und verständlicher gemacht wird. »Es kommt zu klassischen Aha-Erlebnissen«, weiß Michael Schredl um die praktischen Wirkungen, sobald die metaphorischen Dimensionen und gedanklichen wie emotionalen Bedeutungsfelder der Träume erschlossen sind.

Besonders förderlich sind Träume vor allem in belastenden

Krisenzeiten oder anderen schwierigen und komplexen Problemsituationen. So konnte man bei Frauen, die nach einer Scheidung an einer achtwöchigen »Traumbehandlung« teilnahmen, ein im Vergleich deutlich gebessertes Selbstwertgefühl feststellen. Die Befunde zeigen, dass Menschen verstärkt träumen, wenn sie intellektuell stark beansprucht sind oder emotional belastende Lebensereignisse verarbeiten müssen. Harry Fiss konnte zeigen, dass Träume nicht nur stressbewältigend und stimmungsregulierend wirken, sondern uns vor allem helfen, »neue psychische Strukturen zu organisieren« – und unserem Denken neue Perspektiven zu eröffnen.

Wie hilfreich Träume sein können, zeigt eine bisher einzigartige englische Studie mit Herzkranken, aus der hervorgeht, dass in Träumen oft vor einer drohenden Gefahr gewarnt wird. »Exzellente Aussichten« fürs 21. Jahrhundert prophezeit Traumkenner Fiss daher Verhaltensmedizin und Traumpsychologie, wenn sie Träume als »diagnostisches Frühwarnsystem« für Körper und Seele gebrauchen lernen.

Von Zufälligkeiten, Abstrusitäten oder halluzinativen Prozessen beim Träumen kann also nicht die Rede sein. Der Traum gilt als wertvolle Hilfe, sein Leben sinnvoll zu gestalten. »Die häufigste Funktion des Traumes«, so Kuiken, »ist die Ermutigung zum Leben.« So verstanden, kann die Traumdeutung das Wachbewusstsein anregen und zu einer tieferen Einsicht führen.

Für die Selfness bedeutet das lebenspraktisch formuliert: Wenn wir mit unseren Traummetaphern einen Dialog führen können, fördern wir unser komplexitätsfähiges Systemdenken nachhaltig – ganz im Sinne der weisen Erkenntnis Lichtenbergs: »Ich empfehle Träume nochmals; wir leben und empfinden so gut im Traum als im Wachen und sind jenes so gut als dieses; es gehört unter die Vorzüge des Menschen, dass er träumt und es weiß. Man hat schwerlich noch den rechten Gebrauch davon gemacht. Der Traum ist ein Leben, das, mit unserem übrigen zusammengesetzt, das wird, was wir ›menschliches Leben‹ nennen.«

Experten wie Schredl erwarten, dass sich dieses neue Verständnis von der metaphorischen »Weisheit der Träume« zukünftig verstärkt in Alltag oder Beratung auswirken wird. Die praktische Erfahrung mit »Traumgruppen« etwa zeige, dass die Arbeit mit Träumen »zur Weiterentwicklung und Heilung der Ratsuchenden« beitrage.

Auch wenn alle Befunde signalisieren, dass der erinnerte Traum und die jeweilige »Traumarbeit« sich für den Träumer positiv auswirken und ihm helfen, komplexe Entwicklungen oder Probleme zu bewältigen und zu gestalten, muss man differenzieren. Der Umkehrschluss beispielsweise – wer sich nicht oder kaum an seine Träume erinnert, ist weniger gesund, weniger leistungsfähig, unwissender oder gar unglücklicher als diejenigen, die sich jeden Morgen an ihre traumhaften Abenteuer erinnern – ist unhaltbar. Es gibt nicht wenige Menschen, die sich nie an ihre Träume erinnern oder meinen, seit Jahren oder Jahrzehnten nicht mehr geträumt zu haben. Und diese Menschen sind psychisch absolut nicht ungesund – schließlich träumen sie Nacht für Nacht.

Für das Projekt Selfness haben Traumerinnerungen so verstanden eine »belohnende« Extrafunktion. Man muss sich zwar nicht an sie erinnern, um leben oder überleben zu können. Wer sein Traumleben aber kennt, wird dadurch bereichert und komplexitätsfähiger. Wer die metaphorische Sprache seiner Träume versteht, lernt etwas über sich und seine Welt.

➤ Seminar: **Traumdeutung**

Ein differenzierteres Programm, wie man die Komplexitätsbewältigung in eigener Sache praktisch umsetzt, formulierte der Traumforscher Michael Schredl in seiner empirisch und klinisch bewährten **personorientierten Traumarbeit**. Für ihn ist entscheidend, dass die »Geheimnisse« der Träume nicht professionellen Traumdeutern überlassen bleiben müssen, sondern im Gegenteil jeder sein eigener Traumexperte werden und ein umfassendes Verständnis für seine Träume entwickeln kann.

Einzige Bedingung: Man muss seinen Träumen gegenüber offen und neugierig sein. Dann finden nachweislich auch notorische Nicht-Traumerinnerer ihre Freude daran, sich mit der Vielfalt und dem Reichtum der Metaphern, Bilder und Gefühle der eigenen Träume auseinander zu setzen.

Die Erfahrung zeigt, dass alle Menschen, die an ihren Träumen ein echtes Interesse haben, ihre Traumerinnerung innerhalb kurzer Zeit drastisch verbessern können. Wer etwa mit dem Willen einschläft, sich morgens an seine Träume erinnern zu können und sie zu notieren, dem wird das in aller Regel auch gelingen. Ebenso einfache wie nützliche Hilfen sind das Blatt Papier und der Stift auf dem Nachttisch, um nach dem Aufwachen zumindest Stichworte festzuhalten und ein Traumtagebuch zu führen.

In den sechs Schritten der »Traumarbeit« soll man sich im Wesentlichen von den konkreten Traumbildern lösen und ihren metaphorischen Reichtum entdecken, um anhand der jeweiligen Gefühle, Stimmungen und Handlungen im Traum einen **Bezug zum Wachleben** herzustellen. Man sollte sich dabei bewusst machen, dass im Traumgeschehen vor allem Gefühle überzeichnet dargestellt werden, um dem Träumenden den Kern einer Sache deutlich zu machen. Es geht auch nicht darum, die vermeintlich »richtige Deutung« zu finden, sondern aus dem Traumgeschehen zu lernen. Das heißt, dass die verschiedenen Bilder und metaphorischen Deutungen nur als Hinweise verstanden werden dürfen, wo man im Wachleben nach Gemeinsamkeiten mit dem Traumgeschehen suchen könnte. Das ausschlaggebende Kriterium ist für Schredl immer die Weiterentwicklung im Wachleben – hin zu »freierer Entfaltung der Persönlichkeit und Verbesserung der Lebensqualität«.

Schredl weist darauf hin, dass es hilfreich sein kann, wenn man den Traumbericht mit einem Theaterstück oder einem Film vergleicht und ihm einen entsprechenden Titel verleiht. Um die Traumarbeit zu vertiefen, soll man sich vor allem fragen, an welche metaphorische »Botschaft« der Autor oder Regisseur wohl gedacht hat und wie ein unvollendeter Traum zu einem positiven Ende geführt werden kann.

Schredl rät im Übrigen, in der Traumarbeit niemals irgendwelche Zusammenhänge erzwingen zu wollen, sondern es auch anzunehmen, dass der Traum ein ganz und gar »eigenständiges Erlebnis« sein kann.

Vor Überschätzung warnt auch der Psychotherapeut und Traumexperte Wilhelm Freund. Da es nicht immer möglich ist, die Botschaft eines Traumes zu deuten, muss man akzeptieren, dass ein Traum einmal unverständlich bleibt. Verstehen bedeute, so Freund, das intuitive Erfassen einer persönlichen Wahrheit, wenn man sich »im Innersten getroffen« fühlt. Ein solches Verstehen geht immer mit einer bestimmten Gewissheit einher. Falls diese Gewissheit nicht eintritt, sei es besser, einen Traum unverstanden zu lassen, als eine Deutung zu erzwingen, die in die Irre führt.

»Arbeiten« Sie schrittweise mit Ihrem Traum:

(1) Vergegenwärtigen Sie sich den Traum

- Lesen Sie den Traum.
- Ergänzen Sie Details.
- Notieren Sie spontane Einfälle.

(2) Schlüsseln Sie die Trauminhalte auf

- Sammeln Sie – *ohne* Deutungsabsicht! – Informationen zu Traum-Ich, Traumpersonen, Gegenständen, Traumorten etc.

(3) Untersuchen Sie die Handlungen im Traum

- Was ist zentral?
- Liegen Übertreibungen vor?
- Welche Gegensätze treten auf?
- Was wiederholt sich?
- Gibt es Konflikte?
- Gibt es Helfer?
- Gibt es ein Ziel?
- Was kommt im Traum vor/was nicht?
- Wird im Traum eine Stärke oder Schwäche aufgegriffen, die ich aus meinem Wachleben kenne?

(4) Vergleichen Sie Traum und Wachleben

- Was beschäftigt Sie momentan besonders (Gesundheit, Beziehung, Prüfung, Familie etc.)?
- Welche Parallelen finden sich dazu in der Bildersprache des Traumes?

(5) **Suchen Sie nach Lösungsansätzen im Traum**
- Begeben Sie sich in die Stimmung des Traums.
- Setzen Sie den Traum schreibend fort.

(6) **Setzen Sie die Lösungsansätze um**
- Fassen Sie die Traumarbeit zusammen.
- Probieren Sie neue Verhaltensmuster aus.
- Prüfen Sie an der Realität, ob sich die Veränderung positiv ausgewirkt hat.

Unsere Träume verstehen und im besten Sinne als Freundesrat verwerten zu können, wird jede Selfnessentwicklung nachhaltig fördern. So fordern Traumpsychologen wie Michael Schredl, bereits Schulkinder mit dem »Traum-ABC« vertraut zu machen, damit sie lernen, den Traum als Lebenshilfe in einem komplexen Dasein zu nutzen. Für ihre spätere Lebenskultur sei dies ebenso wichtig wie Lesen und Schreiben.

Handlungs- und Erfolgsintelligenz

Wodurch unterscheiden sich erfolgreiche Führungskräfte – Selfness-Profis – von weniger erfolgsverwöhnten Kolleginnen und Kollegen? Die erste, eher geläufige Antwort lautet: durch *Willensstärke.*

Die zweite Antwort lautet: durch *Erfolgsintelligenz* – ein in den letzten Jahren entwickeltes und praktisch erprobtes Konzept des Psychologen Robert Sternberg. Obwohl es »schon« gegen Ende der 90er Jahre veröffentlicht wurde, ist es hierzulande noch weitgehend unbekannt – wie wir selbst und viele unserer Kollegen, Coaches und Trainer bestätigen können.

Wir konzentrieren uns für das Selfness-Projekt daher auf diesen zweiten Aspekt, auch weil die Autoren dem Thema Willensstärke bereits ein eigenes Buch gewidmet haben.[19] Vor allem aber deswegen, weil viele Aspekte von Willensstärke –

wie Entschlussfreude, Konzentrationsfähigkeit, Eigenmotivation sowie Widerstand oder Resistenz gegenüber Verlockungen – in das ganzheitliche Programm erfolgsintelligenten Handelns einfließen. Und schließlich, weil dieses Konzept und Programm ebenso umfassend wie kompakt ist und als eine effiziente Anleitung für die Selfnessentwicklung verstanden werden kann.

Sternberg lehrt an der renommierten Yale-Universität und gilt als einer der erfolgreichsten und anerkanntesten amerikanischen Psychologen und Verhaltensforscher. Er interessierte sich vor allem für die Frage, welche konkreten Faktoren und Einflüsse intelligenten Handelns für den *Lebenserfolg* eines Menschen verantwortlich sind. In seinen Analysen, wie Individuen wichtige Lebensziele erreichen, fand er drei Dimensionen: analytische, kreative und praktische Intelligenz.

Sternberg fasste diese drei Dimensionen im Modell der Erfolgsintelligenz zusammen und integrierte damit auch viele Einzelbefunde der IQ- und EQ-Forschung. Der gemeinsame Nenner der Befunde Sternbergs zur Erfolgsintelligenz als handlungsorientierter Synthese aus IQ und EQ: Man handelt erfolgsintelligent, wenn man zum richtigen Zeitpunkt in der Lage ist, ein *Problem zu analysieren, eine kreative Lösung dafür zu finden und diese auch praktisch zu verwirklichen.*

Für die Handlungspraxis in Sachen Selfness bedeutet das: Analytische, kreative und praktische Intelligenz sind bereits als »Einzeldisziplinen« wichtig. Aber nur das effektive und wirkungsvolle Miteinander aller drei Wissensformen ermöglicht erfolgreiches Gestalten und Handeln in komplexen Situationen und Lebenslagen.

Dabei geht es nicht darum, in allen drei Bereichen der Beste zu sein, sondern aus den Fähigkeiten das Beste zu machen. Jeder erfolgsintelligente Mensch kann sich auf seine Stärken verlassen, weil er gelernt hat, was seine Schwächen sind und wie er sie am sinnvollsten ausgleicht.

Sternberg verdeutlicht dies an folgender Geschichte:

Zwei sehr unterschiedliche Knaben gehen im Wald spazieren. Die Lehrer des ersten Jungen halten ihn für gescheit, seine Eltern halten ihn für gescheit, also hält auch er selbst sich für gescheit. Er verfügt über gute Testergebnisse, gute Zensuren, Zeugnisse und Empfehlungsschreiben, die ihm den Weg durch die Bildungseinrichtungen ebnen werden. Den zweiten Jungen halten nicht viele für intelligent. Weder seine Testergebnisse noch seine Noten und Zeugnisse sind bemerkenswert. Im besten Falle würde man ihm eine gewisse Schlauheit oder gesunden Menschenverstand zubilligen. Die beiden schlendern durch den Wald, als sie plötzlich einem Problem begegnen – und zwar in Form eines riesigen, sehr aufgebrachten und äußerst hungrig wirkenden Grizzlybären, der direkt zum Angriff übergeht. Der erste Junge rechnet aus, dass der Grizzly sie in 17,3 Sekunden eingeholt haben wird, und gerät in Panik. Er wirft einen verzweifelten Blick auf seinen Begleiter, der sich in aller Ruhe seiner Wanderschuhe entledigt und seine Joggingschuhe anzieht. Sagt der erste zum zweiten Jungen: »Bist du wahnsinnig? Wir können unmöglich schneller laufen als der Grizzly!« Der zweite Junge antwortet: »Ganz richtig. Aber ich muss ja nur schneller laufen als du!«

Der erste Junge hat das Problem intelligent und sehr schnell analysiert, genutzt hat ihm seine IQ-mächtige Analyse aber nichts. Der zweite Junge dagegen hat nicht nur das Problem erkannt, sondern auch eine kreative und praktikable Lösung dafür gefunden – und genau damit Erfolgsintelligenz bewiesen.

In seinen Analysen zeichnet Sternberg folgende Profile der einzelnen Bereiche der Erfolgsintelligenz:

Analytische Intelligenz bezeichnet die »bewusste Ausrichtung unserer kognitiven und mentalen Prozesse auf eine gedanklich strukturierte Problemlösung«. Analytische Intelligenz ist zwar sehr rational oder logisch geprägt, darf allerdings nicht mit der in IQs gemessenen akademischen Intelligenz gleichgesetzt oder verwechselt werden. Akademische Intelligenz ist nur derjenige Teilbereich, der für schulische Leistungen relevant ist.

Mit der analytischen Intelligenz geht es übergreifend darum, für jeweilige Lebensprobleme die besten oder zumindest gute Lösungen zu finden. Dieser Prozess vollzieht sich in aller Regel in mehreren Schritten:

- *Das Problem erkennen und definieren* Dies ist vermutlich der wichtigste Schritt überhaupt, denn ein Problem lässt sich nur lösen, wenn man es als solches erkannt und verstanden hat. Doch viele Menschen sind dazu nicht in der Lage oder verdrängen und verleugnen es. Hat man ein Problem erkannt, muss man es auch faktisch definieren. Wer dies nicht macht, läuft Gefahr, Probleme zu lösen, die er gar nicht hat, oder er steht immer wieder vor demselben, nie erkannten und damit nie gelösten Problem. Manche wechseln die Firma, weil sie hoffen, in einem anderen Unternehmen zufriedener zu sein – das Problem ist allerdings häufig nicht die Firma, sondern die Tätigkeit selbst. Andere wiederum wechseln den Beruf, obwohl das Problem beim Arbeitgeber liegt.
- *Eine Problemlösungsstrategie formulieren* Für das erkannte und definierte Problem muss man nun eine »Strategie« entwickeln, um es lösen zu können. Die Wahl der richtigen Strategie entscheidet dabei in aller Regel über Erfolg oder Misserfolg. Dabei ist unbedingt der Grundsatz »Erst denken, dann handeln« zu beachten. Es ist besser, viel Zeit und Aufwand in das Formulieren der richtigen Lösungsstrategie zu stecken, statt voreilig mit der Arbeit zu beginnen, um dann immer wieder zu korrigieren oder »nachzubessern«. Wer dies missachtet, handelt nach dem Motto: »Ich habe nicht genug Zeit, um es richtig zu machen, aber immer genug Zeit, es noch mal zu machen.«

  Dabei muss man sorgfältig auf die problem- und lösungsrelevanten *Informationen* und *Ressourcen* achten: Was sind die Ursachen? Woher weiß ich das? Sind die Quellen zuverlässig? Mit wem muss ich sprechen? Wie viel Zeit habe ich?

Welchen Aufwand kann ich leisten? Welche Hilfen brauche ich?

- *Den Prozess kontrollieren und bewerten* Auch wenn der Lösungsprozess in Gang kam, läuft er meist nicht von alleine weiter. Man muss seine Fortschritte beobachten und *bewerten:* Läuft es so korrekt oder muss man korrigierend einschreiten?

Sternberg hebt hervor, dass ein wesentlicher Aspekt der analytischen Intelligenz darin liegt, *Entscheidungen zu treffen.* Er betont, dass erfolgsintelligente Menschen nicht dem Irrglauben verfallen, wir könnten tatsächlich absolut rational und logisch entscheiden: Wir sind nur in Grenzen vernünftig und treffen in aller Regel keine perfekten Entscheidungen, da sie unter unvollkommenen Bedingungen und aufgrund unvollständiger Informationen zustande kommen.

Wie wenig die analytische Intelligenz trotz aller rationalen Grundlagen mit der klassischen akademischen Intelligenz zu tun hat, zeigt die Tatsache, dass erfolgsintelligente Menschen die Grenzen der Rationalität erkennen und um »die Fallstricke wissen, in denen sie sich beim Denken verfangen« können. Daher können ihre Problemlösungen und Entscheidungen auch mehr intuitiv als überlegt oder aus beiden Denkformen gemischt sein.

✔ Übung: Erfolgsintelligenz 1 – **Intelligente Problemanalyse**

Machen Sie sich die verschiedenen Phasen einer guten Problemlösung anhand folgender Schritte nochmals bewusst:

1. *Definition* des Problems: Wo stehe ich? »Was tut weh?«
2. *Ursachenanalyse*: Woran liegt es? Warum tut es weh? Welche Hintergründe und Einflüsse spielen eine Rolle?

3. *Zielfindung*: Was will ich erreichen? Ganz konkret?
4. *Lösungsfindung*: Welche Wege gibt es? Wie sind sie zu gewichten? Welche Ressourcen habe ich?
5. *Entscheidung*: Wie mache ich es? Welcher Weg ist der beste? Welchen Aktionsplan wähle ich?
6. *Kontrolle*: Was muss ich beachten? Merke ich, wenn es nicht läuft? Was kann ich tun?

Überlegen Sie sich, welches Problem Sie aktuell – oder in Zukunft – am liebsten lösen möchten. Versuchen Sie nun, anhand der in der Tabelle vorgegebenen Schritte eine *schriftliche* Problemlösung zu formulieren:

1. Problemdefinition:

____

____

2. Ursachen und Hintergründe:

____

____

3. Ziel:

____

____

4. Lösungsmöglichkeiten:

____

____

5. Aktionsplan:

____

____

6. Kontrolle:

____

____

In Sternbergs Modell ist *kreative Intelligenz* die zweite Komponente der Erfolgsintelligenz. Kreative Intelligenz ist demnach die Fähigkeit, das Gegebene in Frage zu stellen und neue Zusammenhänge und Ideen zu entwickeln. Wer nur über eine analytische Intelligenz verfügt, kann zwar die Ideen anderer bewerten und beurteilen, aber kaum eigene Ideen entwickeln.

Kreative Menschen sind häufig überdurchschnittlich gute synthetische Denker: Sie nehmen neue Verbindungen wahr, die andere nicht erkennen. »Kreative Menschen«, schreibt Sternberg, »sind wie gute Investoren: Sie kaufen günstig ein – und verkaufen teuer. Sie schwimmen gegen den Strom und sind am Ende ganz vorn zu finden.« Kreative Menschen müssen sich mit ihren neuen Ideen erst durchsetzen, da diese ihrer Umwelt anfangs häufig unsinnig erscheinen. Da Kreativität ebenso sehr eine Frage der Begabung wie der Lebenseinstellung ist, fordert Sternberg jeden dazu auf, sich und anderen Mut zu machen, eigene unkonventionelle Wege zu gehen.

Um wirklich erfolgreich zu sein, genügt aber auch kreative Intelligenz allein nicht. Man muss zudem analytische Intelligenz besitzen, um die eigenen Ideen zu analysieren und ihren Wert beurteilen zu können. Wer lediglich eine starke kreative Intelligenz besitzt – kreative Menschen zeichnen sich für Sternberg dadurch aus, dass sie »gute Probleme finden« –, wird viele innovative Ideen haben, aber nicht notwendigerweise erkennen, welche brauchbar sind und wie er sie praktisch umsetzen kann.

Praktische Intelligenz als dritter Faktor der Erfolgsintelligenz ist wichtig, um Ideen in tatsächliche, greifbare Leistungen umzusetzen. Erfolgreich handeln kann man nur, wenn man analytisch erkennt, welche Idee einen praktischen Nutzen hat und welche nicht. Dazu gehört auch, andere vom Wert der eigenen Idee zu überzeugen.

Praktische Intelligenz darf man nicht mit handwerklicher Begabung verwechseln – um praktisch erfolgreich zu sein, muss man alltägliche Probleme ebenso wie außergewöhnliche Situationen lösen und meistern können. Zur praktischen Intelligenz zählen daher auch emotionale Fähigkeiten wie persönliche und soziale Kompetenz. Sternberg betont, wie wichtig das so genannte »stille Wissen« für die praktische Intelligenz ist. Stilles Wissen ist ein handlungsorientiertes Wissen, das in aller Regel ohne direkte Unterstützung durch andere erworben wird. Es ermöglicht jedem Menschen, seine ganz persönlichen Ziele zu erreichen und zu wissen, wie man etwas tut. Andere Forscher nennen es informelles Wissen: im jeweiligen Lebenskontext erfahrungsbezogen herauszufinden, wie etwas funktioniert – ob man im Büro die neue Software meistert, dem Nachwuchs eine Modelleisenbahn baut oder ein Fahrrad verkehrstauglich repariert. Praktisch intelligente Menschen nutzen dieses Wissen auch gezielt, um sich ein günstiges Umfeld zu schaffen – entweder indem sie es sich selbst aussuchen, sich ihm anpassen oder es neu gestalten.

Praktische Intelligenz ist ein ebenso wesentlicher Erfolgsfaktor wie das analytische und kreative Denken. Am erfolgreichsten ist aber, wer seine praktische Intelligenz optimal mit analytischer und kreativer Intelligenz zu verbinden weiß.

Test 9: **Sind Sie erfolgsintelligent?**

Konzentrieren Sie sich und bestimmen Sie bei den folgenden Aussagen, wie sehr sie auf Ihr alltägliches Denken oder Handeln zutreffen. Falls die Aussage Ihr Verhalten absolut zutreffend beschreibt, kreuzen Sie die »5« an (stimmt genau), falls Sie vollkommen unzutreffend für Sie ist, wählen Sie die »1« (stimmt nicht), die »3«, wenn eher »teils-teils« zutrifft.

(1) stimmt nicht – (2) manchmal – (3) teils-teils – (4) häufig – (5) stimmt genau

Aussage	Wert
1. Ich mache meine Arbeit gewöhnlich gerne und voller Elan.	
2. Wenn mir ein Fehler unterlaufen ist, will ich es beim nächsten Mal besser machen.	
3. Ich versuche im Allgemeinen, die Dinge selbst in die Hand zu nehmen.	
4. Wenn etwas schiefläuft, suche ich mögliche Ursachen zunächst bei mir.	
5. Wenn ich Dinge begonnen habe, will ich sie auch zu Ende bringen.	
6. Ich hadere nie mit dem Schicksal.	
7. Ich vermeide es, so gut es geht, Dinge auf die letzte Minute zu erledigen.	
8. Wenn ich etwas wirklich erreichen möchte, machen mir auch Fehlschläge nichts aus.	
9. Bevor ich etwas anfange, überlege ich gut, was ich mache.	
10. Ich kenne meine Schwächen.	
11. Ich weiß, dass ich gut bin, aber noch besser werden kann.	
12. Ich kann mich auf das Wesentliche konzentrieren.	
13. Wenn ich etwas übernehme, bin ich dafür verantwortlich.	
14. Probleme und Krisen halte ich für normal, wenn sie nicht zum Dauerzustand werden.	
15. Ich mag es, wenn es zur Sache geht und ernst wird.	
16. Auch in Schwierigkeiten behalte ich den Überblick.	
17. Ich weiß, dass ich bei wirklich wichtigen Dingen die Hintergründe verstehen kann.	
18. Ich kenne meine Stärken.	

19. Wenn ich etwas tue, denke ich darüber nach, ob ich alles richtig mache.	
20. Ich finde das Sprichwort »Gut Ding will Weile haben« zutreffend.	

Die Auswertung finden Sie auf S. 204.

Die für Selfness entscheidende Formel im Konzept der Erfolgsintelligenz lautet: *Erfolg = Selbstaktivierung statt Selbstsabotage.*

Sternberg formuliert dabei in 20 Prämissen oder Leitsätzen, wie man Erfolgsintelligenz praktisch aktivieren und realisieren kann. Dieses lebensnahe Erfolgsprogramm hat Punkt für Punkt für das Selfness-Projekt fundamentale Bedeutung und kann wie folgt zusammengefasst werden:

(1) Menschen mit Erfolgsintelligenz motivieren sich selbst.
Intelligenz und Talent allein sind kein Garant für Erfolg. Um diese Fähigkeiten in vollem Umfang nutzen zu können, muss man motiviert sein: Erfolg muss man wollen. Motivation kann von außen kommen – durch Anerkennung, Prämien, Lob usw. – oder *intrinsisch* aus uns selbst heraus. Gerade die innere Motivation hat einen hohen Stellenwert, fehlt aber äußere Anerkennung völlig, wird auch die Freude an der Arbeit verloren gehen. Menschen mit Erfolgsintelligenz verbinden daher beide Motivationsformen: Sie wissen, wie man sich selbst motiviert und gleichzeitig die entsprechende Anerkennung von außen erhält.

(2) Erfolgsintelligente Menschen lernen, ihre Impulse zu kontrollieren.
Manchmal ist impulsives Verhalten sinnvoll – meist aber nicht. Wer immer die erstbeste Lösungsmöglichkeit wählt, bringt sich um die Chance, eine bessere zweite oder dritte zu finden. Erfolgsintelligente handeln daher immer nur dann schnell, wenn sie aus Erfahrung wissen, dass dies – in diesem ganz speziellen

Fall – vertretbar ist. Gibt es keine Erfahrungswerte, dann versuchen sie, ein Problem gründlich zu analysieren und sorgfältig zu entscheiden. Sie wissen, dass unkontrollierte Impulsivität sie nur daran hindern würde, ihre intellektuellen Fähigkeiten gewinnbringend einzusetzen.

(3) Wissen, wann man durchhalten muss
Erfolgsintelligente haben Stehvermögen: Sie wissen, dass man oft erst nach zahlreichen Fehlversuchen ans Ziel kommt – Thomas Alva Edison etwa soll knapp 1000 Versuche gemacht haben, bis seine Glühbirne funktionierte. Er ließ sich nicht beirren, weil er ganz sicher war, es schaffen zu können. Menschen mit Erfolgsintelligenz besitzen viel Durchhaltevermögen, erkennen aber auch, wann es sinnvoller ist, einen anderen Weg einzuschlagen oder sogar ganz aufzugeben.

(4) Das Beste aus seinen Fähigkeiten machen
Menschen mit Erfolgsintelligenz wissen um ihre Stärken, entwickeln sie oder wuchern mit ihnen, wo sie können. Gleichzeitig wissen sie aber auch um ihre Schwächen – und akzeptieren sie.

(5) Gedanken in Taten umsetzen
Menschen mit Erfolgsintelligenz können Handlungsalternativen entwerfen und wissen, wann sie handeln müssen. Dabei sind sie entscheidungsfreudig und halten sich auch an ihre einmal getroffenen Entscheidungen.

(6) Ergebnisorientiert denken und handeln
Menschen mit Erfolgsintelligenz vergessen nie, worum es letztendlich geht – bei allen Schwierigkeiten verlieren sie das eigentliche Ziel nie aus den Augen.

(7) Aufgaben zu Ende bringen
Erfolgsintelligente wollen eine Sache abschließen oder auf den

Punkt bringen – und machen es auch. Tatsächlich haben viele Menschen unbewusste Erfolgsängste oder verzetteln sich, ohne ihren Weg bis ans Ende zu gehen. Menschen mit Erfolgsintelligenz ist der jeweilige Prozess oder Weg zwar nicht unwichtig, das Wichtigste bleibt für sie aber immer das Ziel.

(8) Die Initiative ergreifen

Menschen mit Erfolgsintelligenz können sich verbindlich einlassen. Sie warten auch nicht darauf, bis man ihnen sagt, was zu tun ist – sie nehmen das Heft selbst in die Hand.

(9) Nichts auf die lange Bank schieben

Die Devise »Unter Druck kann ich besser arbeiten« ist meist eine Lebenslüge: Wer alles immer auf den letzten Drücker macht, wird nicht die Zeit und Sorgfalt aufbringen können, um die Dinge angemessen zu gestalten. Menschen mit Erfolgsintelligenz wissen das. Sie teilen ihre Zeit ein und organisieren sich bestmöglich. (In der Forschung läuft die Aufschieberitis übrigens unter dem Stichwort »Prokrastination«.)

(10) Keine Angst vor Fehlern oder Fehlschlägen

Menschen mit Erfolgsintelligenz machen auch Fehler – aber nie denselben. Da sie aus ihren Fehlern lernen, entgehen sie zwei großen Misserfolgsfallen: Weder haben sie Versagensängste noch Probleme im Umgang mit Fehlern. Sie wissen, dass Fehler dazugehören und kein Grund sind, sich dafür zu schämen. Vielmehr betrachten sie sie als Anregung herauszufinden, was noch nicht genau beachtet wurde, um es beim nächsten Mal besser zu machen.

(11) Berechtigte Kritik akzeptieren

Erfolgsintelligente übernehmen die Verantwortung für ihre Fehler. Sie versuchen nicht, das eigene Verhalten zu rechtfertigen, irgendwie zu entschuldigen oder auf andere abzuwälzen. Dieses Handeln erwarten sie aber auch von anderen, denn sich einen Irrtum eingestehen zu können und die entsprechenden Konsequenzen zu ziehen, erachten sie zu Recht als wichtigen ersten Schritt, es beim nächsten Mal besser zu machen.

(12) Kein Selbstmitleid!

Sich selbst zu bedauern, wenn etwas nicht so gut läuft, ist ein mächtiger »Erfolgskiller«. Wenn Erfolgsintelligente das Gefühl haben, einmal ungerecht behandelt oder benachteiligt zu werden, dann versuchen sie sofort, die Situation zu klären und zu verändern.

(13) Unabhängig sein

Menschen mit Erfolgsintelligenz erwarten nicht, dass andere für sie die Verantwortung übernehmen: Sie sind gewöhnt, selbstständig zu denken und zu arbeiten. Sie kümmern sich aktiv um ihre eigenen Angelegenheiten und erledigen ihre Aufgaben selbst.

(14) Persönliche Schwierigkeiten überwinden

Probleme sind unvermeidlich – Erfolgsintelligente sind sich dessen bewusst. Sie wissen, dass man sie lösen kann und sich von privaten Lebenskrisen nicht vollständig entmutigen lassen muss. In aller Regel schaffen sie es daher auch, Privat- und Berufsleben zu trennen.

(15) Sich auf die eigenen Ziele konzentrieren

Um effektiv und erfolgreich arbeiten zu können, versuchen Erfolgsintelligente, sich optimale Bedingungen und ein konzentrationsförderliches Umfeld zu schaffen. Sie wissen, dass sie Phasen der Ablenkung durchlaufen werden, aber auch, wie es ihnen gelingt, sich immer wieder dem Wesentlichen zuzuwenden.

(16) Keine Über- und Unterbelastungen

Die Psychologen wissen, dass sich erfolgsängstliche Menschen entweder zu hohe Ziele setzen, die man in kurzer Zeit keinesfalls erreichen kann (etwa Schachgroßmeister zu werden), oder sie machen von vornherein nur das, was sie ohnehin können (etwa mit dem Computer auf der unteren Stufe Schach spielen). In beiden Fällen bleiben sie unzufrieden und letztlich erfolglos: Der eine kommt nicht voran, der andere wird nie ankommen.

Erfolgsintelligente versuchen daher, sich weder unnötig zu verausgaben noch in unbedeutenden Kleinprojekten zu verlieren. Sich selbst mit Über- oder Unterforderungen zu belasten, ist nicht ihre Sache. Dabei halten sie sich, so gut es geht, an einen sinnvollen Zeitplan.

(17) Auf Belohnungen warten können

Erfolgsintelligente wissen, dass man oft Geduld haben muss, um wirklich wichtige Dinge zu bewältigen – auf schnelle Anerkennung sind sie nicht aus. Sie investieren ihre Kraft und ihre Zeit lieber in solche Projekte oder Beziehungen, die es auf lange Sicht auch wert sind.

(18) Den Wald und die Bäume erkennen

Wer sprichwörtlich den Wald vor lauter Bäumen nicht sieht, verzettelt sich meist in unwichtigen Details, weil er das Ganze aus dem Blick verliert. Menschen mit Erfolgsintelligenz können aber zwischen wichtigen und unwichtigen Dingen unterscheiden: Sie reflektieren ihr Handeln und wissen, was sie tun und ob es sie dorthin bringt, wohin sie wollen.

(19) Selbstvertrauen

Erfolgsintelligente Menschen sind in einem gesunden Maße selbstbewusst und vertrauen auf ihre Stärken, um ihre Ziele erreichen zu können – das ist das genaue Gegenteil von Selbstgefälligkeit. Menschen mit Erfolgsintelligenz können die eigenen Fähigkeiten gut einschätzen. Sie wissen, was sie sich zutrauen können und was nicht.

(20) Analytisch, kreativ und praktisch denken
Erfolgsintelligente haben gelernt, bei welchen Gelegenheiten sie analytisch denken, eher kreativ oder ganz praktisch sein müssen – und in welchen Situationen sie alle drei Wissensformen gleichzeitig brauchen.

Wie die praktische Erfahrung und die empirische Forschung der letzten Jahre zeigen, kann man für alle 20 Aspekte dieser für Selfness so wichtigen erfolgsintelligenten »Handlungsmastery« gute bis sehr gute Werte erreichen, wenn man bewusst daran arbeitet.

Nehmen Sie sich daher für die folgende Übung Zeit und stärken Sie mit ihr Ihre Selfnesskompetenz.

✔ Übung: Erfolgsintelligenz 2 – **Schritt für Schritt zur Handlungsmastery**

Machen Sie sich bitte im Folgenden bei jedem der 20 aufgelisteten Aspekte der Erfolgsintelligenz sehr genau klar, wie gut Ihre eigenen Fähigkeiten entwickelt sind und was Sie selbst tun können, um mögliche Schwächen in Zukunft zu vermeiden.

Tauchen Sie dazu gedanklich in bestimmte »Erfolgssituationen« ebenso ein wie in weniger gelungene Abläufe.

1. Selbstmotivation

____
____
____

2. Impulskontrolle

____
____
____

3. Durchhaltefähigkeit

4. Stärken und Fähigkeiten umsetzen

5. Gedanken in Taten umsetzen

6. Ergebnisorientiert denken und handeln

7. Aufgaben zu Ende bringen

8. Initiative ergreifen

9. Keine Aufschieberitis

10. Keine Angst vor Fehlern oder Fehlschlägen

11. Berechtigte Kritik akzeptieren

12. Kein Selbstmitleid!

13. Unabhängig sein

14. Persönliche Schwierigkeiten überwinden

15. Sich auf eigene Ziele konzentrieren

16. Keine Über- und Unterbelastungen

17. Belohnungsaufschub

18. Den Wald und die Bäume erkennen

19. Selbstvertrauen

20. Analytisch, kreativ und praktisch denken

Zur Vertiefung dieser Selfnessmastery erfolgsintelligenten Handelns möchten wir noch auf einen besonderen Aspekt hinweisen. Im Grunde beruht Erfolgsintelligenz auf den psychologischen Pfeilern Selbstwirksamkeit und Zuversicht – und beide haben viel mit den individuellen *Ressourcen* zu tun.

Unter Ressourcen versteht man alle das Selbst sowie die körperlichen und seelischen Lebensvorgänge fördernden Fähigkeiten und Prozesse eines Menschen.[20] Dabei muss man sich eine Erkenntnis der ressourcenorientierten Psychotherapie bewusst machen: dass eigentlich jeder Mensch über genügend eigene Ressourcen verfügt – und sie doch häufig ungenutzt lässt.

Ressourcenorientiert handeln bedeutet im Grunde genommen, den Blick »von der negativen auf die positive Seite der Lebensmedaille« zu richten, wie es Frederick Kanfer formulierte.

Der Psychologe Jörg Pscherer hat die Ressourcen im Einzelnen benannt. Folgender Überblick soll dazu dienen, für die verschiedenen Lebensbereiche eine erste Bestandsaufnahme zu machen und sich möglichst ehrlich den Fragen zu stellen:

- *sozialpraktische Kompetenzen:* Wie erfolgreich bin ich im Umgang mit Finanzen? Was gelingt mir beruflich?
- *psychische Stärken:* Wie groß ist mein Selbstwertgefühl? Wie meistere ich schwierige Situationen?
- *physische Stabilität/Gesundheit:* Was tue ich dafür? Habe ich ein gutes Körpergefühl?
- *Beziehungen:* Sind sie verlässlich? Wie leicht gelingt es mir, Kontakte herzustellen und aufrechtzuerhalten?
- *Sinn:* Was gibt mir wirklich Halt? Was hat für mich Bedeutung? Wo brauche ich Unterstützung?
- *Verantwortung:* Bin ich wirklich bereit, für das, was ich tue, die Verantwortung zu übernehmen?
- *Werte:* Was sind meine wahren Interessen? Bedürfnisse? Was macht mir wirklich Freude?
- *Offenheit:* Wie kreativ bin ich? Bin ich offen für Neues?

Denken Sie bei jedem Aspekt ruhig ein zweites Mal nach – oft hat man blinde Flecke, die den Blick auch auf das positive Eigene trüben oder verstellen.

Für eine erfolgreiche Selfness-Praxis hilfreich scheinen uns auch die folgenden Erkenntnisse Pscherers: »Die Aktivierung der eigenen Ressourcen muss keine schwierige Angelegenheit sein«, so der Psychologe, »eine wohlwollende, präsente Selbstachtsamkeit reicht meist, um Stärken zu entdecken. Manchmal muss man allerdings schon genau hinschauen. Denn Ressourcen verblassen, wenn man sie als selbstverständlich oder nicht wertvoll abtut. Auch ist es hilfreich, auf den eigenen Anteil an äußeren Erfahrungen zu schauen (zum Beispiel: Was trage ich dazu bei, dass mein Partner mich mag?). Bisweilen ist auch die Frage nützlich: Wie schaffe ich es, dass eine schwierige Situation nicht noch schwieriger wird? Wenn dann noch etwas Zielstrebigkeit und Bereitschaft zum Handeln dazukommen, stellt sich das Gefühl der Selbstwirksamkeit ein.«

Wenn Sie nun nochmals einen Blick auf die Erfolgsintelligenz für Ihre eigene Lebenspraxis werfen, werden auch Sie diese besondere Selfnessmastery als ein umfassendes Konzept zur Stärkung und Entwicklung Ihrer Ressourcen – und Selbstwirksamkeit schätzen lernen. Nichts anderes bedeutet Selfness.

Weisheit

Weisheit als Lebenskunst gehört ganz elementar zum lebenslangen Erfahrungs- und Entwicklungsprozess Selfness. Die Positive Psychologie konnte zeigen, dass sie nicht oder nicht mehr dem reifen Alter vorbehalten ist, sondern als eine schon viel früher erworbene Lebenskompetenz verstanden werden muss.

Der deutsche Psychologe Paul Baltes hat zusammen mit seinen Kolleginnen Judith Gleck, Ute Kunzmann und Ursula Staudinger die Grundmerkmale dieses uralten Phänomens erforscht: Wann und warum wird ein Mensch als weise beurteilt? Gilt er dann grundsätzlich als weise? Oder ist Weisheit situationsabhängig?

Fasst man ihre Befunde zusammen, kann man von einer Art »Daseins-Expertise« sprechen: Weise Menschen verstehen und bewältigen grundlegende Lebensprobleme buchstäblich in ihrer Ganzheit. Sie kennen die existenzielle Dunkelseite des Lebens, die anthropologische Verfassung jedes Einzelnen als soziales, von anderen Menschen abhängiges Wesen und natürlich sich selbst – ihre eigenen Schwächen und Stärken. Auf dieser Grundlage urteilen sie nie vorschnell, akzeptieren kritische, komplexe und in aller Regel widersprüchliche Entwicklungen und wissen genau, wie und wann sie handeln müssen.

Eine weise Person wird von der Positiven Psychologie so beschrieben:

- Kann in schwierigen und grundlegenden Problemen des Lebens guten Rat geben, handelt weder nur intellektuell noch nur emotional, »aus dem Bauch heraus«, sondern schöpft aus beiden Quellen.
- Verfügt über reiches (Fakten-)Wissen und ergiebigen Strategienfundus.
- Trifft Entscheidungen nicht nur im Hinblick auf den eigenen Vorteil, sondern beachtet auch das Wohlergehen anderer.
- Erträgt und akzeptiert die dauernde Ungewissheit des Lebens. Vorliegende Informationen und Erfahrung geben ihr genug Sicherheit, Lösungen für auftretende Probleme zu finden.
- Handelt immer flexibel und offen, verfolgt einen Handlungsplan nie stur, sondern passt ihn sich ändernden Umständen an.
- Berücksichtigt die zeitlichen Strukturen eines Problems: vergangene Entwicklungen und zukünftige Auswirkungen, Vorgeschichte und Konsequenz. Macht sich den Kontext bewusst und überlegt z. B., wie sich ein Problem am Arbeitsplatz auf die Familie und die Gesundheit auswirken könnte. Bedenkt bei der Beurteilung eines Menschen dessen sozialen Hintergrund.

Die Positive Psychologie liefert auch ein etwas anderes, »jüngeres« Bild der alten Tugend Weisheit. Weisheit ist demnach *Lebenspragmatik*, basierend auf bestimmten Fähigkeiten und

Eigenschaften, die weit über das Klischee der Altersmilde hinausgehen: Toleranz, Gelassenheit und Selbstdistanz sind die erfreulichen Ergebnisse bestimmter Denkstile und Weltbetrachtungen. Weise Menschen – jeden Alters – bleiben immun gegen dogmatische Enge, Widersprüche werden nicht vorschnell platt gebügelt, Mehrdeutigkeiten und Ambivalenzen werden ertragen und produktiv genutzt. Weise kultivieren den Zweifel, übertreiben ihn aber nicht bis zur lähmenden Hyperskepsis, weil sie integrativ und dialektisch zu denken gelernt haben.

Schaut man genauer hin, erscheint diese Charakteristik wie ein Auszug aus dem Katalog von Schlüsselqualifikationen für das Informationszeitalter und die globalisierte Welt. Wenn diese Denkstile und kognitiven Fähigkeiten uns tatsächlich zukunftstüchtig und lebenszufrieden machen, wird Weisheit zu einem Lernziel, das gar nicht früh genug vermittelt werden kann. Und: Diese Weisheit ist natürlicher Bestandteil von Selfness und ein zentrales Projekt des Lebensunternehmers.

Selfness-Vertiefung: **Lifetiming**

Selfness hat viele Pfeiler, aber nur ein Fundament: unsere Lebenszeit. Ein kompetenter Lebensunternehmer ist immer auch ein guter *Zeitmanager.* Er respektiert Zeit als unsere wertvollste Ressource – und möchte sie bewusst gestalten. Doch soll dieser Selfnessaspekt nicht auf das rein quantitative Zeitmanagement reduziert werden. Natürlich sind elementare rationale und analytisch-planerische Fähigkeiten wichtig, wie sie etwa Lothar Seiwert in den letzten Jahren umfassend dargestellt hat – sich beispielsweise auf das Wesentliche zu konzentrieren, die Reihenfolge der einzelnen Arbeitsschritte festzulegen, Pufferzeiten einzuplanen und so weiter. Aber selbst der lange Zeit ausgesprochen rational orientierte Experte betont nun, dass »Zeitmanagement weitaus mehr umfasst, als Posteingänge nach Prioritäten zu sortieren«.

Dennoch ist dieser quantitative Aspekt im Umgang mit unserer (Lebens-)Zeit natürlich wichtig. Im folgenden Kurztest können Sie kompakt »checken«, ob Sie die Gestaltung Ihrer Arbeitszeit im Großen und Ganzen im Griff haben.

✗ Test 10: **Sind Sie ein guter Zeitmanager?**

Konzentrieren Sie sich bitte und beantworten Sie jede Aussage spontan, aber selbstkritisch anhand der abgestuften Skala von (1) bis (5): (1) stimmt überhaupt nicht – (2) stimmt manchmal – (3) teils-teils – (4) stimmt häufig – (5) stimmt völlig

1. Im Betrieb könnte die Kommunikation mit anderen besser sein.

2. Die vielen Besucher (von außen und auch aus dem Haus selbst) halten mich oft von meiner eigentlichen Arbeit ab.
3. Manchmal fehlt mir Selbstdisziplin, um das, was ich mir vorgenommen habe, auch durchzuführen.
4. Zeitintensive und unangenehme Aufgaben schiebe ich meistens vor mir her, oder ich habe Schwierigkeiten, sie zu Ende zu führen, da ich nie zur Ruhe komme.
5. Das Telefon stört mich ständig, und die Gespräche sind meist unnötig lang.
6. Meine Zeitpläne und Fristen halte ich oft nur unter Termindruck ein, da immer etwas Unvorhergesehenes dazwischenkommt oder ich mir zu viel vorgenommen habe.
7. Beruflich und privat fehlt mir eigentlich eine klare Zielsetzung. Was ich alltäglich tue, erscheint mir nicht immer sinnvoll.
8. Ich versuche öfter, zu viele Aufgaben auf einmal zu erledigen, und mache zu viel Kleinkram.
9. Das Delegieren jeweiliger Aufgaben klappt nur selten richtig, und oft muss ich Dinge erledigen, die auch andere hätten tun können.
10. Das Neinsagen fällt mir nicht leicht, wenn andere etwas von mir wollen und ich eigentlich meine eigenen Arbeiten erledigen müsste.
11. Ich habe zu viel Papierkram auf meinem Schreibtisch; Korrespondenz und Lesen sind zu zeitaufwändig.
12. Besprechungen dauern häufig viel zu lange, und das Ergebnis ist für mich meist unbefriedigend.

Die Auswertung finden Sie auf S. 204.

Ein gutes Zeitmanagement kann aber nur Grundlage sein für die intelligente *Gestaltung* der Arbeits- und Lebenszeit. Wir diskutieren diesen wichtigen Selfnessaspekt im Folgenden unter dem Begriff des *Balancings*.

Balancing bezieht sich auf den Umgang mit der Zeit als unserer wertvollsten Ressource. Es geht weit über das traditionell eindimensionale und lineare Zeitmanagement hinaus und beruht auf der Erkenntnis, dass auf Dauer nur derjenige zufrieden und erfolgreich sein kann, der mit dem Leben »schwingt« und die richtigen *Rhythmen* findet. Um das richtige Leben führen zu können, müssen wir alle Ressourcen der eigenen Existenz entwickeln, hegen und pflegen. Wir müssen die Bedürfnisse des Selbst, unsere Beziehungen und das Arbeitsleben so ausbalancieren, dass kein Bereich die anderen beherrscht.

So muss der Lebensunternehmer Erfolg und Intelligenz in einem sehr umfassenden Sinne als zeitliche Prozesse und komplexe Entwicklungen ihrer jeweiligen Lebenswelt begreifen, alle Lebensbereiche integrieren und ausbalancieren können.

Welche Metaphorik mit dem Begriff »Zeit« verbunden wird – Seiwert spricht vom ganzheitlichen Lebensmanagement, das von einer Lebensvision getragen sein muss –, wird einem schnell klar, wenn man die vermeintlich einfache Frage »Was ist Zeit?« zu beantworten versucht.

Die berühmte Antwort Augustinus' lautet: »Wenn mich niemand danach fragt, weiß ich es -- will ich es aber einem Fragenden erklären, weiß ich es nicht.«

Während Zeit für Kafka beispielsweise ein »stehender Sturm« war, wird sie lexikalisch so definiert:

»Abfolge des Geschehens, die, als Vergangenheit, Gegenwart und Zukunft, am Entstehen und Vergehen der Dinge erfahren wird. Die SI-Einheit der Zeit ist die Sekunde (Zeichen: s). Die Sekunde ist definiert durch das 9 192 631 770fache der Periodendauer der beim Übergang zwischen den beiden Hyperfeinstrukturniveaus des Grundzustands von ^{133}*Cs-Atomen vorherrschenden entsprechenden Strahlung.*

Im bürgerlichen Leben wird die Zeit nach dem scheinbaren Lauf der Sonne um die Erde (Sonnenzeit) und dem Lauf der Erde um die Sonne (Jahr) bestimmt. Zur Zeitmessung dienen Uhren, die durch astronomische Beobachtungen laufend kontrolliert und korrigiert werden« ... und so weiter.

Verstehen Sie Zeit auch lexikalisch-rational – oder so ähnlich?

In dem folgenden Test können Sie herausfinden, welches Zeitbild Sie haben.

Test 11: **Welcher Zeittyp sind Sie?**

1. Was bedeutet für Sie Zeit?

____

____

____

____

2. Bewerten Sie im Folgenden, wie gut die 25 Zeitbilder Ihren eigenen Zeitvorstellungen und -wahrnehmungen gerecht werden. Suchen Sie dabei die fünf heraus, die Ihnen am besten gefallen, und markieren Sie jede mit einem »x«.

1 ein großes kreisendes Riesenrad
2 ein Kreisel
3 ein Weg, der über einen Berg führt
4 aufgehende Blattknospen
5 ein alter Mann mit Stock
6 ein Vogel im Flug
7 ein sausendes Weberschiffchen
8 eine sich abwickelnde Spule
9 ein rasender Zug
10 ein still ruhendes Meer
11 eine brennende Kerze
12 eine Treppe, die nach oben führt
13 ein stürzender Wasserfall
14 ein Raumschiff im Flug
15 vom Wind verwehter Sand
16 eine alte Frau am Spinnrad
17 dahinziehende Wolken
18 marschierende Füße
19 ein unermesslich ausgedehnter Himmel
20 der Felsen von Gibraltar
21 ein fliehender Dieb
22 ein verschlingendes Ungeheuer
23 ein ruhiger, einschläfernder Gesang

24 eine Perlenschnur
25 ein galoppierender Reiter

3. Machen Sie die Auswertung auf Seite 205. Welcher Zeittyp sind Sie?

____

____

____

____

4. Würden Sie die Frage, was Zeit für Sie bedeutet, nun anders beantworten?

____

____

Man kann die deutlich gewordenen Zusammenhänge so formulieren: In unserem Alltagserleben erfahren wir die Komplexität unseres Ichs und unserer Welt als Zeitgefüge – je besser die Zeitgestalten sind, die wir schaffen, desto besser können wir damit umgehen. Je besser wir mit ihren Rhythmen schwingen, umso größer ist unser Nutzen. Je stärker wir mit den Eigen- und Fremdzeiten schwingen, desto komplexitätsfähiger werden wir. Praktisch heißt das: Je besser es uns gelingt, angemessene und kluge *Zeitmetaphern* zu entwickeln, umso verständlicher werden uns komplexe Zusammenhänge – im Inneren unserer Persönlichkeit ebenso wie »draußen«.

Jetlags und jede durchwachte Nacht machen uns schmerzlich bewusst, dass wir von Natur aus zeitgebundene Wesen sind. Wenn wir unsere »innere Uhr« missachten, werden wir müde, unkonzentriert und schlecht gelaunt. Auf Dauer macht uns ein Leben gegen unsere biologischen Rhythmen sogar krank. Umgekehrt gilt: Wenn wir rhythmisch leben, sind wir leistungsfähiger, gesünder und glücklicher.

Schon Heraklit forderte deshalb den richtigen Lebensrhythmus, bei dem die Zyklen des Körpers und des Lebens respektiert werden. Die moderne Chronobiologie, die die Zusammenhänge zwischen der Zeit und den Lebensvorgängen untersucht, bestätigt: Vom Stoffwechsel über den Atem und den Herzschlag bis hin zu »Frühlingsgefühlen«, »Winterdepression« und komplexen psychischen Prozessen inszeniert unser Organismus eine vielstimmige »Rhythmensymphonie« – Stunde um Stunde, Tag für Tag, Woche um Woche. Alles Leben folgt bestimmten Rhythmen und Eigenzeiten. Die Forschung hat eindeutig nachgewiesen, wie sehr wir uns schaden, wenn wir die Zeiten unserer inneren Uhr missachten.

Da wir nicht nur den äußerlichen, quantitativen Umgang mit Zeit besser in den Griff bekommen müssen, sondern uns auf einer anderen Ebene wieder als natürliche Zeit- und Rhythmuswesen begreifen lernen sollten, orientieren wir uns auch an der lebensklugen Prämisse der Antike: »Suche und achte deine Rhythmen!«

Damit der Lebensunternehmer Zeit als die komplexeste aller Seinsdimensionen erleben und gestalten kann, muss er *Rhythmusfähigkeit* entwickeln: die Musik seines Lebens spielen und hören. Zu viel Lärm, zu wenig Melodien, keine Rhythmen: Damit formulierte der Philosoph Michel Serres eine der wohl tiefgründigsten Metaphern für den inneren und äußeren Zustand unserer Zeit. Sozialwissenschaftler sprechen von einer fehlenden »Ökologie des Rhythmus«, und der amerikanische Stressmediziner Paul Rosch vergleicht die Haltung vieler Menschen mit einem »Piloten, der nicht mehr weiß, wohin er fliegt, aber glaubt: Hauptsache, schnell genug«.

Uns erscheint es ungewohnt, doch der kluge Umgang mit Rhythmus ist eines der ältesten kulturgeschichtlichen Weisheitskonzepte. Im alten Indien etwa bedeutete Rhythmus so viel wie »in Bewegung gehülltes Leben«, und Rhythmen galten in all ihren Erscheinungsweisen – Spiel, Dichtung und Tanz – als Ausdruck der eigentlichen Natur des Menschen. Ebenso verstanden ihn die Griechen als einen existenziellen Begriff, der gleichzeitig die Entwicklung und die sich bildenden »Lebensgestalten« umfasste. Heraklit hat im metaphorischen Weltverständnis der *enantiodromia* eine der wohl tiefsten Wahrheiten überhaupt formuliert: *Das Leben pulsiert und schwingt.* Die Seele schwingt wie eine Symphonie in den polaren Lebensfeldern zwischen Tag und Nacht, Geburt und Tod, Neuem und Altem, Nähe und Distanz, Ruhe und Spannung, Liebe und Hass, Schlafen und Wachen.

Alles in allem dokumentiert die moderne Zeitforschung der letzten Jahre, wie sehr wir uns gesellschaftlich und individuell auf Kollisionskurs mit unseren Rhythmen und unserer inneren Uhr befinden. Können organische Systeme nicht mehr rhythmisch schwingen, so sind oder werden sie krank. »Ein gesundes Herz«, so der amerikanische Mediziner Alan Garfinkel, »tanzt, während ein sterbendes marschiert.« Daraus lässt sich folgende Alltagsbotschaft ableiten: Nur wer die rhythmischen Zyklen des Körpers und des Lebens respektiert und in Einklang mit ihnen lebt, lebt gesund.

Und auch die Psyche muss bedacht werden. Zwischen den Extremen philosophisch-theoretischer Lebenskunst einerseits und einem oberflächlichen Lifestyle andererseits geht es für den Lebensunternehmer darum, persönliche Wege zu einem gelasseneren und erfüllteren Dasein zu finden.

Ein intelligentes Lifetiming versteht das Leben in Raum und Zeit perspektivisch. Keinesfalls darf man sich auf eine »Momentperson« reduzieren lassen, denn jeder hat eine Vergangenheit, eine lange Lebensgeschichte – und eine Zukunft.

So sollte man sich nicht nur damit vertraut machen, was Zeitkiller sind und wie man sie ausschaltet, warum Schlaf so wichtig ist, wie man seine wichtigsten Eigenzeiten und persönlichen Lebensrhythmen bestimmt, welcher Tagestyp, welcher Zeittyp oder welcher Alterstyp man ist. Vor diesem allgemeinen, für die Work-Life-Balance wichtigen Hintergrund müssen wir vielmehr unseren Lebensrhythmus weniger einseitig auf Daueraktivität ausrichten und stattdessen mehr auf einen unser Wohlbefinden fördernden Ausgleich, auf Entspannung und

Müßiggang achten. In einem gesunden Lebensrhythmus sollen sich aktive Phasen und Ruhephasen abwechseln. Rhythmisch und balanciert leben heißt, dass Aktion und Kontemplation, Anspannung und Entspannung ein in sich geschlossenes Wechselspiel sind.

Wir verstehen wahren Erfolg und Glück im Leben längst als kluge, alle Lebensbereiche integrierende Balance und umfassende Pflege von Geist, Körper und Seele. Lebensmotivisch formuliert, lautet die Empfehlung: Wahre die innere Mitte! – und das heißt: Suche die dir gemäßen Rhythmen!

So ist der in den letzten Jahren als *Flow* bekannt gewordene »moderne« Glückszustand ein grundlegendes Rhythmusphänomen. Für Flow-Forscher Mihaly Csikszentmihalyi ist Flow die »Metapher für Glück«. Menschen erleben das rhythmische Fließen in ihrem Tun, das Eintauchen, das vollständige und hingebungsvolle Aufgehen in etwas und mit ihm eins werden als erfüllend. Könnten wir im Alltag immer so leben, dass unsere jeweiligen Ausprägungen der Lebensmotive, ihre Bedürfnisse, Antriebe und Interessen in idealer Weise erfüllt wären, dann würden wir einen Dauer-Flow erleben – ein höheres Glücks- und Zufriedenheitsmaß ist nicht denkbar. Die folgende kleine Geschichte illustriert den Rhythmus dieser lebensmotivisch fundierten Balance sehr gut:

Stell dir dein Leben als ein Spiel vor, bei dem du mit vier Bällen jonglierst. Du nennst sie Arbeit, Sinn, Gesundheit und Familie und du hältst sie alle gleichzeitig in der Luft. Bald wird dir klar, dass Arbeit ein Gummiball ist: Wenn du ihn fallen lässt, springt er sofort zurück. Aber die anderen drei Bälle sind aus Glas! Wenn du sie fallen lässt, werden sie unwiderruflich beschädigt, angebrochen, verkratzt oder ganz zerstört sein. Sie werden niemals so sein wie vorher. Das musst du verstehen und nach Balance in deinem Leben streben.

Balance bedeutet ein Gleichgewicht zwischen den äußeren Zwängen und Möglichkeiten und der Notwendigkeit, sich darin zu behaupten und seine Identität zu wahren – Work-Life-Balance wird so betrachtet zur »Condition humaine des 21. Jahrhunderts«, wie es der Publizist Heiko Ernst formuliert. Um ein glückliches Leben zu führen, müssen wir das Streben nach Gleichgewicht zur Chefsache unseres Lebens machen. Eine Chefsache allerdings, die nie nur auf einen Bereich beschränkt werden darf. Folgende Bereiche gilt es unter einen Hut zu bringen:

- *Geist/Kultur* Überzeugungen, Ideen und Weltanschauungen helfen uns, den Sinn des Lebens zu finden – selbst Zyniker brauchen ein Weltbild, um sich orientieren zu können.
- *Beruf/Arbeit/Leistung* Die Karriere und alles, was man mithilfe eigener Begabungen und Kompetenzen in der Welt darstellen und bewirken kann – einschließlich der finanziellen Angelegenheiten und des Wohlstandes –, trägt zur Steigerung unseres Selbstwertgefühls bei.
- *Körper/Gesundheit/Psychohygiene* Wenn wir uns in unserer Haut wohlfühlen, können wir uns entspannen und gleichzeitig die eigene Kraft spüren.
- *Familie/Beziehungen* Als soziale Wesen brauchen wir alle die menschliche Nähe, Intimität und freundschaftliche Anerkennung – die einen mehr, die anderen weniger –, denn ohne sie verkümmern wir.

Um glücklich *und* erfolgreich zu sein, empfehlen wir Ihnen, die vier entscheidenden Lebensbereiche auch auf lebensmotivisch geprägte Art und Weise auszubalancieren.

Das Leben schwingt – diese Weisheit der Antike ist richtig. Und sie gilt uneingeschränkt für das moderne Leben. Ganz besonders wichtig im Sinne der Balance und der Schwingungsfähigkeit sind diese Dinge: abschalten können, Ruhe finden, den Stellenwert der Familie und Freunde achten, ein gutes Essen, die Freude am Schönen und Ästhetischen, die Verbindung mit der Natur, regelmäßige sportliche Aktivitäten, anregende Lektüre und und und – hier setzt jeder ganz unterschiedliche Schwerpunkte. Finden Sie heraus, was Ihrer körperlichen und seelischen Stärkung am besten dient. Um schwingungs- und leistungsfähig zu bleiben, sollten Sie Ihre Work-Life-Balance ganz bewusst kultivieren.

Oder anders ausgedrückt: Das Balance-Orchester muss zusammenspielen. Die Partitur ist ebenso persönlich wie die Wahl der Instrumente und die jeweilige Interpretation der Orchestermitglieder.

Bilanz:
Selfness als moderner Lebensentwurf

Werde, der du bist! Das große Nietzsche-Wort ist alles andere als paradox: Man kann es als mächtiges Leitbild für die postmoderne Individualität und ihre Evolution verstehen. Selfness ist ein Prozess, der die Potenziale des Selbst dauerhaft entwickelt.

Aus einer anderen Perspektive bedeutet Selfness genau das, was seit einigen Jahren unter dem Begriff des lebenslangen Lernens gefordert wird. Es soll dem Einzelnen helfen, sich in der Welt von morgen durch eigenes Denken, Urteilen und Handeln orientieren zu können und sie mitzugestalten – genau so kann man Selfness und das persönliche Lebensunternehmertum auch charakterisieren.

Die Bildungsminister aller OECD-Staaten haben »Lifelong Learning for All« Ende der 90er Jahre als Leitziel jeglicher Bildungspolitik proklamiert und die Unesco hat vier Dimensionen definiert:

Lernen, Wissen zu erwerben Lernen, Wissen zu erwerben, setzt Lernfähigkeit voraus und verlangt Denkfähigkeit und Konzentration. In diesem Sinne ist der Lernprozess eng mit Arbeitserfahrung verknüpft, da Arbeit ihrem Wesen nach immer weniger aus Routinetätigkeit besteht. Lernen ist ein niemals endender Prozess, der durch vielfache Formen der Erfahrung bereichert wird.

Lernen zu handeln Die Zukunft industriell strukturierter Volkswirtschaften hängt von ihrer Fähigkeit ab, neues Wissen in Innovationen umzusetzen, die dann wiederum neue Branchen und Arbeitsplätze schaffen. Die Fähigkeit, mit anderen zusammenzuarbeiten, Probleme anzugehen und zu lösen, wird dabei immer wichtiger.

Lernen zusammenzuleben Diese Art von Lernen ist wahrscheinlich die wichtigste. Der respektvolle Umgang mit den Lebenszielen anderer und die Erfahrung, dass diese Ziele mit den eigenen zu gemeinsamen verknüpft werden können, hilft in vielen Fällen, Konflikte zu vermeiden bzw. existierende zu lösen.

Lernen für das Leben Im 21. Jahrhundert muss jedem der geistige Bezugsrahmen und die Möglichkeit gegeben werden, die Welt zu begreifen und fair und verantwortungsbewusst zu handeln. Entwicklungsziel ist die vollkommene Entfaltung des Menschen in seiner Vielschichtigkeit, der Komplexität seiner Ausdrucksformen und seiner verschiedenen Loyalitäten: als Individuum, Familien- oder Gemeindemitglied, Bürger und arbeitender Mensch, Erfinder von Techniken und kreativer Träumer. Bildung ist eine innere Reise, deren Stationen mit dem fortlaufenden Reifeprozess der Persönlichkeit übereinstimmen.

Selfness wird so verstanden zur lebensbestimmenden Herzens- und Charakterbildung. Sie ist ein umfassender, ganzheitlicher Lebensentwurf für den Menschen des 21. Jahrhunderts. Ohne Eigenständigkeit und entwickelte Selbstkompetenz können wir weder die Möglichkeiten der globalisierten Wissensgesellschaft nutzen und gestalten noch ihre Schattenseiten, Krisen und Katastrophen bewältigen. In anderen Worten: Noch nie war es so schwierig und gleichzeitig gewinnbringend, erwachsen zu werden und zu sein.

Das bedeutet im wahrsten Sinn des Wortes Arbeit. Die kontinuierliche Arbeit am Selbst und an der Persönlichkeit muss viele Barrieren überwinden und Schwierigkeiten aus dem Weg räumen – das Reiseunternehmen Persönlichkeit kostet viel Energie und Willenskraft. Wir propagieren Selfness und das Lebensunternehmen daher bewusst nicht als eine weitere »Glücksformel«.

»So viel Vorgeschmack von der Hölle – so wenig Nachgeschmack vom Paradies« – auch wenn wir diese Einschätzung des Schriftstellers und Dramatikers Botho Strauß nicht völlig teilen, erkennen wir die widersprüchliche Janusköpfigkeit der komplexen Dinge unserer Welt. Allerdings kann Selfness und alles, was die Positive Psychologie erforscht und als Hilfen anbietet, nachhaltig dazu beitragen, ein *bejahenswertes* Leben zu führen, wie der Philosoph Wilhelm Schmid den Imperativ postmoderner Lebensführung formuliert hat.

Ein Leben, das im hedonistischen Sinne nicht glücklich oder spaßig sein muss, aber von Zufriedenheit, Gelassenheit und Weisheit geprägt ist. Und dieses oft nur stille Selfness-Glück selbstbestimmter Lebenszeit ist für uns bedeutend wichtiger als das meist laute oder lärmende Wellness-Glück des Zeitvertreibs.

Alles in allem ist Selfness als umfassende, kontinuierliche Arbeit am Selbst und an der Persönlichkeitsentwicklung ein kluges, alle Lebensbereiche integrierendes Austarieren und liebevolles Pflegen von Körper, Geist und Seele: Neben intellektueller Fitness geht es um existenzielles Selbstbewusstsein, körperliche Leistungsfähigkeit, psychische Belastbarkeit, geistige Beweglichkeit, befriedigende Sozialbeziehungen, positive Arbeitseinstellung und Einklang mit der Umwelt.

Die Wahrheit war für Goethe ein Juwel, der in vielen Facetten funkelt. Das gilt auch für unser Selbst. Mit seinen mannigfachen Potenzialen, Fähigkeiten, Ressourcen ist es immer ein wertvoller Rohdiamant – und jeder von uns kann zum Goldschmied in der Chefsache Selbstentwicklung werden.

Um aber ein wahrer Selfness-Meister zu werden und das »Erfolgsmodell Persönlichkeit« gleichsam vollenden zu können, ist eine weitere, bisher nicht thematisierte Lebenskompetenz notwendig – die gleichzeitig wohl positivste, bedeutendste und problematischste: die Fähigkeit, dem Tod ins Auge zu blicken. Unser Sein philosophisch ausgedrückt als »Sein zum Tode« (Heidegger) zu begreifen.

Seit Jahrhunderten verdrängen wir den Tod – kulturell wie individuell. Wir vermeiden es, das Leben als endlich zu verstehen. Immer öfter wird öffentlich diskutiert, ob die Gentechnik es nicht eines Tages schafft, uns unsterblich zu machen.

Nüchtern betrachtet, wäre gerade dieses vermeintliche »Glücksversprechen« der Unsterblichkeit aber die wahre Hölle.

So verkennen wir, dass *jedes* Glück, *jede* Bedeutung und *jeder* Sinn unserer Existenz von dieser Endlichkeit bestimmt wird: Die erste Liebe, die Geburt des Kindes, der ekstatisch gefeierte Triumph des Lieblingsvereins – solche und alle anderen größeren und kleineren Sternstunden unseres Lebens wären für Unsterbliche völlig bedeutungslos. Sie könnten sie in ihrer grenzenlosen Lebenszeit ja beliebig oft erleben. Alles wäre völlig gleichgültig – und inhaltsleer.

Daher lebt man in jeder Hinsicht erfüllter, wenn man diese Endlichkeit akzeptiert, die Spreu und alles Unkraut im Lebensgarten entfernt und das Wichtige im Leben vom Unwichtigen unterscheiden kann.

Es gab und gibt keine Patentrezepte und es wird sie wohl auch nie geben, wie man mit dem Tod als unserer existenziellsten Bestimmung »richtig« umgeht. Dennoch gibt es wichtige Wegweiser. Die Psychologin Ursula Nuber sagt: »Wer den Tod nicht aus dem Leben ausgrenzt, weiß sehr genau, dass es für vieles keine zweite Chance gibt und es sehr riskant sein kann, wichtige Entscheidungen, Pläne und Wünsche aufzuschieben. Denn woher weiß man, wie viel Zeit einem noch bleibt? Deshalb: Nicht später, sondern jetzt ist der richtige Augenblick, um zu handeln.«

Bei aller biografischer Rück-Sicht und zukunftsoffener Vor-Sicht: Selfness kann nur eine authentische Lebensform des Individuums bedeuten – im Hier und Jetzt. »Das Jetzt«, unterstreicht der Molekularbiologe Jon Kabat-Zinn, »ist die einzige Möglichkeit, die wir haben, um wirklich zu sehen, wirklich zu handeln, wirklich heil und gesund zu werden. Deshalb ist jeder Moment so unendlich kostbar.«

Zum Schluss möchten wir ausdrücklich auf einen gesellschaftspolitischen Aspekt von Selfness hinweisen. Die Frage, in welchem Ausmaß unsere Kultur eigenverantwortliche und daher soziale Individuen hervorbringt, bestimmt wohl auch die Zukunft und den inneren Zustand unserer Demokratie. Wir stimmen Matthias Horx ausdrücklich zu, dass diese Frage über die Alternative entscheidet zwischen einem »Transformationsprozess in eine reale Wissensgesellschaft« und einer gesellschaftlichen »Regression in einen neuen Populismus oder eine generelle Krise«.

Der Prozess der Selbstfindung und Selbstverwirklichung ist kein »autistischer« Ego-Trip, sondern beruht immer auf Verantwortung für das Ganze: das Selbst und das »Andere« als soziale und natürliche Umwelt. Insoweit ist Selfness auch ein politisches Ziel.

Anhang

Test-Auswertungen

Test 1: Sind Sie mit Ihrem Leben zufrieden?

Zählen Sie Ihre Punkte zusammen und überprüfen Sie Ihre Lebenszufriedenheit:

5 bis 9:	äußerst lebensunzufrieden
10 bis 14:	sehr lebensunzufrieden
15 bis 19:	leicht lebensunzufrieden
20:	neutral: weder lebenszufrieden noch -unzufrieden
21 bis 25:	etwas lebenszufrieden
26 bis 30:	sehr lebenszufrieden
31 bis 35:	äußerst lebenszufrieden

Der durchschnittliche Amerikaner von heute liegt übrigens im Bereich von 21 bis 25 Punkten.

Der Test ist die seit langem auch öffentlich gebrauchte Fassung des SLS (Satisfaction with Live Scale), die vom Positiven Psychologen und Glücksforscher Ed Diener schon in den 80er Jahren zusammen mit Kollegen entwickelt und erprobt wurde.

Test 2: Sind Sie konzentriert?

Am besten ist es, wenn Sie nur die letzten beiden Fragen mit Ja beantwortet haben, die anderen jedoch mit Nein: Dann sind Sie sehr konzentrationsfähig. Die Fragen basieren auf frei gewählten kritischen, zentralen Aspekten der psychologischen Konzentrations- und ADS-Forschung.

Test 3: Sind Sie kreativ?

Für Kreativitätstests gibt es keine Lösungen im eigentlichen Sinne. Die gestellten Aufgaben stammen aus klassischen Tests, bei denen es in erster Linie auf die Quantität Ihrer Assoziationen ankommt: Je mehr Möglichkeiten Sie gefunden haben und je verschiedenartiger diese sind, desto besser steht es um Ihre Kreativität.

Wenn Sie beispielsweise bei den weißen Lebensmitteln auch eine weite Skala von Marshmallows bis zum weißen Trüffel assoziieren, sind Sie sicher weitaus kreativer als jemand, der zwar auf die gleiche Zahl kommt, aber nur an unterschiedliche Milchprodukte denkt.

Den Aufgaben gemeinsam ist immer der »neue« Blick, das »neue« Verständnis oder das »neue« Handeln. Das kreative Prinzip an sich sollte auch für Ihren Selfnessalltag gelten: Sehen, verstehen und behandeln Sie die Dinge Ihres Lebens immer wieder bewusst völlig anders, als Sie oder andere das gewohnt sind.

Psychologische Testinstrumente reichen in ihrer Zuverlässigkeit an die Uhr oder das Thermometer nicht heran. Diese Einschränkungen gelten für Kreativitätstests besonders. Die Erfassung von Kreativität in all ihren Aspekten ist bis heute nicht annähernd so brauchbar gelöst wie die von Intelligenz.

Wenn Sie es dennoch einmal »richtig« versuchen möchten, empfehlen wir Ihnen den VKT, den »Verbalen Kreativitätstest«, der Ihre Kreativität auf sprachlichem Gebiet überprüft (er darf allerdings nur von Psychologen durchgeführt werden).

Auch im Internet kursieren einige Kreativitätstests – schauen Sie einfach mal rein. Fachlich empfehlen können wir Ihnen dagegen die kreativitätsnahen Testverfahren zu den so genannten Denkstilen – im Internet unter: www.ldrc.ca/projects/miinventory/miinventory.php

Test 4: Das Neun-Punkte-Problem

Für diese beliebte Aufgabenstellung gibt es mehrere kreative Problemlösungsvarianten, zum Beispiel folgende:

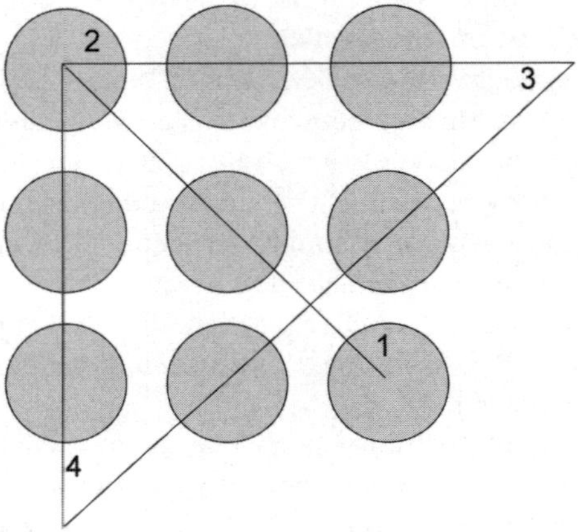

Auch in diesem Beispiel gilt die Kreativitätsprämisse Nr. 1: Die gewohnten Perspektiven bewusst sprengen und außer Kraft setzen – es steht bei diesem Problem beispielsweise nirgendwo geschrieben, dass die Lösung innerhalb des gewohnten Quadrates gefunden werden muss.

Test 5: Wie kommunikationskompetent sind Sie?

Bewerten Sie Ihre Antworten nach folgender Tabelle:

Dimension der Sozialen Kompetenz SK	Fragen-Nummer	Wert
SK 1:	2	
Aktives Zuhören	6	
	9	
	Gesamtwert SK 1:	
SK 2:	1	
Konstruktive	5	
Gesprächsführung	7	
	Gesamtwert SK 2:	
SK 3:	3	
Konflikt-Kompetenz	10	
	12	
	Gesamtwert SK 3:	
SK 4:	4	
Selbstbehauptung	8	
	11	
	Gesamtwert SK 4:	

Gesamtwert Soziale Kompetenz:
SK = SK 1 + SK 2 + SK 3 + SK 4 = ____________________

Sie sind sozialkompetent, wenn Sie in **allen** vier Dimensionen der Sozialen Kompetenz zwischen 12 und 15 Punkte erreicht haben – je mehr, desto besser.

Ihr Gesamtwert sollte also zwischen 48 und 60 Punkten liegen. Liegen Ihre Werte darunter, haben Sie in Ihrem kommunikativen Handeln noch nicht alle »Sozialressourcen« Ihrer Persönlichkeit entwickelt.

Test 6: Sind Sie ausgeglichen?

Zählen Sie Ihre Punktwerte zusammen.

bis 40 Punkte: schwach ausgeglichen
41–50 Punkte: mäßig ausgeglichen
51–65 Punkte: stark ausgeglichen
über 65 Punkte: sehr stark ausgeglichen

Der Test basiert auf Untersuchungen der Positiven Psychologie unter Zuhilfenahme des so genannten IPPA-Inventars (Inventory of Positive Psychological Attitudes).

Test 7: Ihr Stress-Profil

Es gibt keine absoluten Werte für dieses Verfahren: Das Stress-Profil ist eine qualitative Vorlage, um sich konzentriert mit den jeweiligen Anlässen, Auslösern und Situationen von Stress zu beschäftigen und sich ihrer bewusst zu werden.

Als kritisch gelten allerdings alle Stressanlässe, die Sie im Produkt mit Werten von 4 und darüber erfasst haben – auch die mit 3 bewerteten Stressoren sollten Ihre Beachtung finden.

Der Test »Ihr Stress-Profil« beruht auf Vorarbeiten der Psychologin Angelika Wagner-Link aus den 90er Jahren, die in folgenden Publikationen dokumentiert sind: ›Der Streß. Stressoren erkennen – Belastungen vermeiden – Streß bewältigen‹ (Broschüre der Techniker Krankenkasse 1994) sowie ›Aktive Entspannung und Streßbewältigung‹ (Ehningen 1992).

Test 8: Sind Sie voller Hoffnung?

(1) Streichen Sie alle Punktwerte zu den Antworten 3, 5, 7 und 11.
(2) Zählen Sie die verbleibenden acht Werte zusammen. Je höher Ihr Summenwert zwischen 24 und 32 liegt, desto ausgeprägter ist Ihre Selfnesskompetenz Hoffnung.
(3) Hoffnung besteht aus dem »wegbereitenden Denken« H1 *(pathway thinking* oder *waypower)* und dem »Wirkungsdenken« H2 *(agency thinking* oder *willpower).*

Ihre Werte für H1 und H2:
H1 – wegbereitendes Denken: Addieren Sie die Werte zu den Fragen 1, 4, 6 und 8. Werte zwischen 12 und 16 Punkten verdeutlichen, wie ausgeprägt zielbezogen Sie orientiert sind und auch in schwierigen Situationen über Ziele und Lösungen nachdenken können.

H2 – Wirkungsdenken: Addieren Sie die Werte zu den Fragen 2, 9, 10 und 12. Werte zwischen 12 und 16 Punkten verdeutlichen, wie stark Sie sich bei der Zielerreichung motivieren und auch in schwierigen Situationen emotionale Kräfte mobilisieren können, um jeweilige Unternehmen zu einem guten Ende zu führen.

Beachten Sie zudem, dass *high hopers* relativ *gleich* hohe Werte für H1 und H2 erreichen. Sollten Ihre jeweiligen Werte sehr unterschiedlich sein, kann dies Folgendes bedeuten:

- hohe H1- und niedrige H2-Werte: Sie haben zwar gute Ideen, verwirklichen sie aber nicht nachhaltig.
- hohe H2- und niedrige H1-Werte: Sie verlassen sich bei der Ziel- und Wegfindung eher auf andere, sind dann aber mit ganzem Herzen bei der Sache.

Test 9: Sind Sie erfolgsintelligent?

Zählen Sie Ihre Punkte zusammen und lesen Sie an folgender Tabelle ab, wie erfolgsintelligent Sie sind:

unter 40 Punkte:	Am besten, Sie versuchen es zu einem anderen Zeitpunkt nochmals.
40–59 Punkte:	Wenn Sie erfolgreicher handeln wollen, sollten Sie ehrlich prüfen, warum Sie sich meist selbst im Wege stehen.
60–79 Punkte:	Sie zählen zu den Erfolgreichen, obwohl Sie ab und an doch zweifeln, ob Sie alles richtig machen und wirklich fähig sind.
80–100 Punkte:	Ihre Erfolgsintelligenz ist hervorragend entwickelt. Sie können analytisch denken, sind kreativ und wissen, wie Sie Ihre Ideen verwirklichen können.

(nach Robert Sternberg: Erfolgsintelligenz. Warum Sie mehr brauchen als EQ und IQ. Goldmann: München 1998)

Test 10: Sind Sie ein guter Zeitmanager?

Zählen Sie Ihre jeweiligen Punktwerte zusammen und vergleichen Sie sie mit folgender Skala:

Bis 26 Punkte:	In Ordnung.
27–36 Punkte:	Sie sind auf einem guten Weg, mit Ihrem Zeitbudget konstruktiv umzugehen; mitunter müssen Sie allerdings konsequenter werden.
37– 48 Punkte:	Als cleveren Manager Ihrer Zeit kann man Sie nicht bezeichnen: Ihre eigene Zeit gestalten Sie leider nicht selbst, sondern sie wird von anderen beherrscht.

(Der Test beruht auf praktischen und empirischen Erfahrungen des Unternehmensberaters und renommierten Zeitmanagementforschers Lothar Seiwert, die er unter anderem im Buch ›Das 1x1 des Zeitmanagements‹ dokumentiert hat.)

Test 11: Welcher Zeittyp sind Sie?

Der Test unterscheidet drei Zeittypen: den westlich-»aktiven«, den östlich-»kontemplativen« und den mediterran-»lebendigen« Typ:

I: »Der Aktive« ist sehr leistungsmotiviert und folgt einem klassisch Newton'schen geprägten Zeitverständnis: linear und zielgerichtet. Für Lebensfreude ist in diesem ausgesprochen »westlichen« Zeiterleben nicht viel Raum: Die Zeit des Leistungsmotivierten erscheint wie eine zum Wettbewerb drängende Kraft, die es ihm gleichzeitig unmöglich macht, die Freuden des Erfolgs auch auszukosten, wenn dies »nicht sorgfältig kontrolliert« werden kann.
II: »Der Kontemplative« folgt dagegen keinerlei zeitlicher Richtungsvorgabe; sein Zeiterleben erscheint als passiv ruhender Lebenshintergrund – ganz so, als sei die Zeit ein »ozeanisches Medium« mit einem »östlich geprägten, mythisch oder buddhistisch anmutenden« Zeitsinn.
III: »Der Lebendige« wiederum lebt eine Zeit, die so stark von menschlichen Verhaltensweisen und Gestalten geprägt scheint, dass es dem antiken Ideal nahe kommt, wonach der »Mensch das Maß aller Dinge« ist. Eine Haltung, die den lieben Gott einen guten Mann sein lässt und ausdrücklich als »mediterrane Lebenseinstellung« bezeichnet wird.

Um herauszufinden, welcher Typ Sie im Großen und Ganzen sind, vergleichen Sie Ihre Antworten und die folgende Zuordnung:
Typ I: 2, 7, 9, 13, 14, 21, 25
Typ II: 3, 4, 10, 15, 17, 19, 20
Typ III: 1, 5, 8, 11,16, 22, 23, 24

Die Fragen 6, 12, 18 haben eigene Bedeutung, da sie inhaltlich zwischen den anderen Zeittypen liegen:
(6) ein Vogel im Flug zwischen I und II
(12) eine Treppe, die nach oben führt, zwischen II und III
(18) marschierende Füße zwischen I und III

Versuchen Sie sich einen Kreis vorzustellen, auf dem I, II und III ein Kontinuum bilden.

Sollten Sie mit Weberschiffchen oder Kreisel nicht viel anfangen können, lassen Sie sich inspirieren – und werden Sie zum Dichter Ihres Lebens sowie Ihr eigener Metapherngeber: Finden Sie angemessene neue, postmoderne Zeitmetaphern.

Da wir alle die Geschichte und den Sinn unseres Lebens metaphorisch erfinden, erzählen und gestalten, können Sie sich fragen, warum Ihnen die gewählten Metaphern und Geschichten so gut gefallen: Was sagen sie über Ihre »Eigenzeiten«? Welcher Entwurf oder Rhythmus schwingt den Takt in Ihrem Leben? Wie gut sind Sie mit anderen Rhythmen der »Kultur-« oder »Weltzeit« synchronisiert? Beachten Sie die Pluralität und das »Metapherngefüge« Ihrer zeitlichen Daseinsmetaphern: Welches Zeitbild Ihres Lebens zeichnet es?

Anmerkungen

1 Wir wissen, dass wir unsere Perspektive des Selbstmanagements der Tatsache verdanken, dass wir auf den Schultern von psychologischen oder psychotherapeutischen »Riesen« stehen – beispielsweise den etablierten und erfolgreich erprobten Modellen wie der medizinpsychologischen Salutogenese von Antonovsky oder der psychotherapeutischen Selbstmanagement-Therapie von Kanfer. Da sie der Positiven Psychologie mehr oder weniger nahe stehen, zählen dazu ausdrücklich auch die relativ jungen Modelle des präventiven Autonomietrainings von Grossarth-Maticek, das Zürcher Ressourcen-Modell ZRM von Storch und Kruse sowie die Psychosynergie von Hansch.

2 So sprechen Forscher von algorithmischer Komplexität, komplexen adaptiven Systemen, hierarchischer Komplexität, effektiver oder idealer Komplexität, stochastischer Komplexität, Lempel-Ziv-Komplexität, fraktaler Dimensionalität, homogener Komplexität, thermodynamischer Tiefe, grammatischer Komplexität, informationsgestützter Zeit- und Raumkomplexität, Chernoff-Komplexität – und so weiter.

Angesichts der verwirrenden Verhältnisse kommt die Arbeitsgruppe Nonlineare Dynamik der Universität Mainz zu dem Schluss, dass es »keine einheitliche Definition dessen gibt, was man unter Komplexität versteht«. Komplexitätsforscher vom Santa-Fé-Institut, dem weltweit wohl renommiertesten Wissenschaftsinstitut für Komplexität, denken mittlerweile darüber nach, ob Komplexität ein nützlicher Begriff ist – oder aber so vage definiert, dass er als völlig inhaltsleer aufgegeben werden sollte. So betont Institutsgründer und Nobelpreisträger Murray Gell-Mann, dass »ein einziger Komplexitätsbegriff« nicht ausreiche, um die Bedeutung von Komplexität angemessen wiederzugeben: »Vielleicht müssen wir sogar mehrere verschiedene Arten von Komplexität definieren, von denen wir uns einige noch nicht einmal vorstellen können.«

3 Experten betonen allerdings nachdrücklich, dass die jeweiligen Verfahren bei einem ausgebildeten professionellen Therapeuten gründlich erlernt werden sollten. Entsprechende Kurse bieten alle Krankenkassen oder Volkshochschulen an. Stressforscher raten prinzipiell, jeweilige Entspannungsübungen regelmäßig ein- bis zweimal täglich etwa 15 bis 20 Minuten zu machen. Darüber hinaus empfehlen sie täglich mehrmals so genannte »Mini-Meditationen«: bei Angst, Anspannung oder Druck wiederholt tief einatmen – und den Atem dann langsam in mehreren Stufen wieder herauslassen.

Eine der effektivsten Atemübungen ist der so genannte *Body-Scan:* »Viele Menschen erfahren durch diese Übung das erste Mal in ihrem Leben tiefes körperliches Wohlbefinden«, bilanziert Stressforscher und Verhaltensmediziner Kabat-Zinn seine langjährigen praktischen Erfahrungen. Der Body-Scan wird nach Kabat-Zinn so durchgeführt:

»Wir beginnen bei den Zehen des linken Fußes und bewegen uns langsam durch das ganze Bein aufwärts. Dabei versuchen wir, alle Empfindungen wahrzunehmen, während wir den Atem unbeirrt in die einzelnen Bereiche lenken. Vom Becken aus begeben wir uns in die Zehen des rechten Fußes und wieder zurück ins Becken, dann weiter aufwärts durch den Rumpf, die Lenden, den Bauch, Kreuz, Brust bis in die Schultern.

Als Nächstes atmen wir in die Finger beider Hände hinein. Dann bewegen wir uns durch beide Arme gleichzeitig aufwärts in die Schultern, von dort weiter in den Hals, das Gesicht, den Hinterkopf und den Scheitel, wo wir wie ein Wal durch ein imaginäres Loch aus- und einatmen. Wir lassen den Atem im wahrsten Sinn des Wortes vom Scheitel bis zur Sohle durch uns hindurchfließen, als würde er durch die Öffnung am Scheitel in uns einströmen und durch die Zehen wieder austreten.«

[4] Zu dieser Liste zählen natürlich auch die eher bekannten Stresskiller *Sport* und *Musik*. So ist Bewegung reine Labsal für Körper und Seele. Wer unter Stress steht, sich müde und ausgelaugt fühlt, sollte es gerade deswegen mit sportlicher Aktivität und körperlicher Bewegung versuchen. Während das oft benutzte Fernsehen gegen Stress und Verstimmungen nicht viel hilft, verblassen im Vergleich mit dem natürlichen Stresskiller aktive Bewegung auch sonstige Trümpfe des alltäglichen Stressmanagements wie Hobbys, Lesen, Schreiben oder der Einkaufsbummel.

Ähnlich verhält es sich mit Musik: Ob Rock oder Folklore, Mozart oder Miles Davis – alle musikpsychologischen Studien der letzten Jahre bestätigen, dass jeder über ein sehr förderliches Antistressprogramm verfügt, wenn er herausfindet, welche Rhythmen ihn am besten beruhigen oder beflügeln.

[5] Siehe dazu unser dtv-Buch ›Die 16 Lebensmotive‹ (3. Auflage, 2005); im Internet unter www.motivation-systems.de

[6] Empfehlenswert sind die Bücher von Klaus Pertl: ›Karrierefaktor Selbstmanagement‹ und von Sabrina Steck: ›Karrierefaktor Persönlichkeit‹, beide 2005 erschienen im Haufe-Verlag Freiburg.

[7] Diese Effekte belegen jüngere Untersuchungen von Peter Salovey und Kollegen zu der Frage, ob die Häufigkeit gesundheitlicher Beschwerden mit der subjektiven Überzeugung zusammenhängt, negative Gefühle wie Wut, Niedergeschlagenheit, Ärger, Angst oder Enttäuschung »managen« zu können. In einer Studie legten die Positiven Psychologen den Versuchsteilnehmern selbstbewertende Aussagen vor wie »Wenn ich mich aufrege, versuche ich an die angenehmen Dinge des Lebens zu denken« oder »Ich achte meist sehr genau darauf, wie ich mich gerade fühle«. Die Befunde bestätigen eindeutig, dass die reine Überzeugung, die eigenen Gefühle kompetent im Griff zu haben, gesundheitsförderlich wirkt. Die Teilnehmer mit einer höheren emotionalen Intelligenz zeigten im Verlauf der sechsmonatigen Studiendauer weitaus weniger Stresssymptome wie Schlaflosigkeit oder Bluthochdruck und gingen sehr viel seltener zum Arzt als die Gruppe der emotional weniger Intelligenten.

[8] Allerdings gibt es einzelne Verfahren, die Teilaspekte der emotionalen Intelligenz zumindest qualitativ erfassen können. Dazu zählen der so genannte Pons-Test, mit dem Psychologen anhand eines Films oder gezeichneter Vorlagen ermitteln, wie gut Menschen den Gefühlsausdruck anderer erkennen oder sich in die Gefühle der Handelnden einzufühlen vermögen, sowie die neueren, von der Positiven Psychologie entwickelten Verfahren wie LEAS (Levels of Emotional Awareness Scale) und besonders MEIS (Multifactor Emotional Intelligence Scale) von Mayer, Caruso und Salovey – Informationen dazu im Internet unter: www.eiskills.com

Im Internet kursieren mittlerweile auch auf deutschen Webseiten viele mehr oder weniger verlässliche EQ-Tests; die beiden fachlich besten englischsprachigen online-EQ-Tests finden Sie unter: www.queendom.com/tests/iq/emotional_iq_r2_access.html und www.eiskills.com/index.php?page=other-tests.htm; deutsche EQ-Tests finden Sie unter: www.testedich.de/emotionaltesteqtest.php3

Falls Sie es einmal ausprobieren möchten, können Sie anhand des folgenden EQ-Checks prüfen, wie emotional intelligent Sie sich in vielen Alltagssituationen verhalten.

Check: Wie hoch ist Ihr EQ ?

Konzentrieren Sie sich und versuchen Sie, sich für die geschilderten Situationen so gut wie möglich vorzustellen, was Sie wirklich tun würden. Antworten Sie dann ehrlich und suchen Sie nicht nach den vermeintlich richtigen Antworten.

1. Während eines Fluges geraten Sie in ernsthafte Turbulenzen, das Flugzeug wird hin- und hergeschüttelt. Wie verhalten Sie sich?
a. Ich versuche nicht darauf zu achten und lese weiter oder konzentriere mich auf den Film.
b. Ich bereite mich auf einen Notfall vor, beobachte die Stewardessen und beginne die Instruktionen zu lesen.
c. Eine Mischung von a) und b).
d. Weiß nicht – habe so etwas noch nie erlebt.

2. Sie sind mit einer Gruppe von 4-jährigen Kindern im Park, als plötzlich eines davon zu weinen beginnt, weil die anderen nicht mehr mit ihm spielen wollen. Was machen Sie?
a. Sie halten sich raus – die Kids sollen das selbst regeln.
b. Sie sprechen mit dem Kind und zeigen ihm Wege, wie die anderen doch mit ihm spielen können.
c. Sie machen dem Kind freundlich, aber bestimmt klar, dass es keinen Grund gibt, so zu weinen.
d. Sie versuchen das Kind abzulenken und zeigen ihm Dinge, mit denen es spielen könnte.

3. Nehmen Sie an, Sie haben als Student in einer Seminararbeit auf eine hervorragende Note gehofft, tatsächlich aber nur schwach abgeschnitten. Was machen Sie?
a. Sie entwickeln einen Plan, wie Sie sich verbessern können, und versprechen sich, ihn einzuhalten.
b. Sie entschließen sich, es in Zukunft besser zu machen.
c. So wichtig war das Seminar auch wieder nicht, Sie konzentrieren sich stattdessen in Zukunft auf Fächer, in denen Sie besser sind.
d. Sie sprechen mit dem Professor und versuchen ihn davon zu überzeugen, dass Sie wirklich besser sind.

4. Stellen Sie sich vor, Sie wären ein Versicherungskaufmann und versuchen mittels Telefon-Clienting neue Kunden zu werben. Nachdem 15 Personen nacheinander den Hörer aufgelegt haben, merken Sie, wie entmutigt Sie nun sind. Was machen Sie?
a. Nicht Ihr Tag heute – morgen gilt wieder: neuer Tag, neues Glück!
b. Sie haben etwas falsch gemacht und müssen mit sich zu Rate gehen, welche Fähigkeiten oder Kompetenzen Sie zu wenig entwickelt haben, um erfolgreich verkaufen zu können.
c. Beim nächsten Anruf versuchen Sie etwas ganz Neues.
d. Sie sollten sich einfach einen neuen Job suchen.

5. Sie sind Manager in einer »helfenden Institution«, die sich für multikulturelle Entwicklung der Gesellschaft und die Integration ausländischer Mitbürger einsetzt. Zufällig hören Sie, wie einer Ihrer Mitarbeiter einen schlechten Türkenwitz erzählt. Was machen Sie?
a. Ignorieren – es ist nur ein schlechter Witz.
b. Sie zitieren den Mitarbeiter in Ihr Büro und weisen ihn zurecht.
c. Sie schreiten sofort ein und machen deutlich, dass solche Witze mehr als unangemessen sind und in Ihrem Hause nicht toleriert werden können.
d. Sie schlagen dem Mitarbeiter vor, eine soziale Weiterbildung mitzumachen.

6. Sie versuchen einen Freund zu beruhigen, der sich äußerst heftig über einen anderen Autofahrer aufregt, der ihn kurz zuvor in eine gefährliche Situation gebracht hatte. Was machen Sie?
a. Er soll es einfach vergessen – ihm ist nichts passiert und so wichtig ist das Ganze auch wieder nicht.
b. Sie legen eine seiner Lieblingsscheiben auf und versuchen ihn abzulenken.
c. Sie versprechen ihm dabei zu helfen, den anderen fertigzumachen und ihm zu zeigen, dass es so nicht geht.
d. Sie erzählen ihm, dass Ihnen auch schon so etwas passiert ist und Sie sich genauso wahnsinnig ärgerten, bis Ihnen klar wurde, dass der andere auf dem Weg in die Notaufnahme des nächsten Krankenhauses war.

7. Eine Meinungsverschiedenheit mit Ihrem Partner hat sich zu einem handfesten Krach ausgeweitet. Nun sind Sie beide sehr aufgebracht und merken, dass Sie in der Hitze des Gefechtes zu persönlichen Attacken neigen, die Sie eigentlich gar nicht so meinen. Was ist das Beste?
a. Sie vereinbaren eine 20-minütige Auszeit und diskutieren danach weiter.
b. Sie hören einfach auf zu streiten und bleiben ganz ruhig, egal was Ihr Partner sagt.
c. Sie entschuldigen sich und fordern von Ihrem Partner dasselbe.
d. Sie halten einen Moment inne, sammeln Ihre Gedanken und erläutern dann die Aspekte des Ganzen so genau wie möglich.

8. Sie sollen im Betrieb eine Arbeitsgruppe leiten, die neue Lösungen zu einem faktisch schwierigen Problem entwickeln muss. Was machen Sie zuerst?
a. Sie formulieren einen detaillierten Plan und lassen über die einzelnen Punkte ausführlich diskutieren.

b. Sie lassen den Teammitgliedern viel Zeit, um sich einfach kennen zu lernen.
c. Sie fragen jeden Einzelnen nach seinen Ideen und lassen über diese diskutieren.
d. Sie beginnen mit einem Brainstorming und ermutigen jeden zu sagen, was auch immer ihm in den Sinn kommt.

9. Ihr drei Jahre alter Sohn ist sehr schüchtern und reagiert eigentlich seit seiner Geburt auf alle neuen Menschen oder Situationen hypersensibel und sehr ängstlich. Was machen Sie?
a. Sie akzeptieren sein scheues Temperament und versuchen ihn zukünftig besser vor Situationen zu schützen, die ihm nicht behagen.
b. Sie gehen mit ihm zu einem Kinderpsychologen.
c. Sie versuchen, ihn von nun an bewusst mit vielen unbekannten Menschen oder Situationen zu konfrontieren, damit er seine Angst überwinden lernt.
d. Sie entwickeln eine Reihe von herausfordernden, aber für ihn noch lösbaren Situationen, damit er erfährt, dass er mit neuen Menschen und Orten umgehen kann.

10. Seit Jahren wollten Sie wieder anfangen, das Lieblingsinstrument Ihrer Kindheit zu spielen. Ihre wenige Zeit wollen Sie aber effektiv nutzen. Was machen Sie?
a. Sie halten sich an einen genau festgelegten täglichen Übungsplan.
b. Sie wählen nur Stücke, die Ihre Fähigkeiten fordern, aber nicht überfordern.
c. Sie spielen nur, wenn Sie Lust dazu haben.
d. Sie spielen nur die einfachen Stücke, die Sie wirklich können.

Auswertung am Ende der Anmerkungen, S. 214

[9] Zur privaten »EQ-Schulung« gibt es im deutschen Sprachraum einige populäre Lebenshilfebücher:
* Brockert, Siegfried/Gabriele Braun: ›Das EQ-Testbuch. Wie groß ist Ihre emotionale Intelligenz?‹ (allgemeiner, »EQ-fördernder« Überblick über die Facetten emotionaler Intelligenz)
* Peter Schmidt: ›EQ-Training: Die Praxis der Emotionalen Intelligenz‹ (orientiert sich stark an der besonders emotionsschulenden, meditativen Praxis. Die fünf Schritte des Programms – Zulassen, Körperfühlen, Meditation, Selbstzentrierung und Installation von Gedanken – sind praktisch bewährt).

Besonders empfehlenswert ist allerdings das Buch von Maria von Salisch (siehe Literaturhinweise).

Zudem gibt es mittlerweile auf dem Seminar- und Weiterbildungsmarkt ebenfalls viele EQ-Angebote, dazu zählen auch psychotherapeutische Verhaltenstrainings für soziale Kompetenz oder soziale Sicherheit.

[10] Während Optimisten und Hoffnungsvolle gleichermaßen davon ausgehen, dass die Dinge ihres Lebens in die gewünschte Richtung verlaufen, konzentrieren sich die *high hopers* auch konkret auf die jeweiligen Wege. Diesen Unterschied bestätigen viele Studien von Snyder und Kollegen aus dem Studium oder dem Sport: Nur Hoffnung ist ein relativ starkes Indiz für den späteren Erfolg, Optimismus dagegen kaum.

So sind etwa hoffnungsstarke Sportler eindeutig erfolgreicher als weniger hoffende Kameraden oder Konkurrenten und erzielen während der gesamten Meisterschaftsrunde die besseren Leistungen. *High hopers* bewältigen auch Erkrankungen besser, kümmern sich mehr um sich, ertragen Schmerzen besser – und werden schneller wieder gesund.

[11] Im Internet unter: www.apahelpcenter.org/featuredtopics/feature.php?id=6&ch=4

[12] Das medizinische Wissen um das »zweite Gehirn« – ›The second brain‹ heißt das vom US-Medizinprofessor Michael Gershon von der Columbia University vorgelegte Grundlagenwerk der Neuroenterogastrologie – ist dabei keineswegs neu: Der deutsche Mediziner Paul Trendelenburg konnte schon 1917 im Magen-Darm-Gewebe ein eigenes Nervensystem nachweisen. Eine wahrhaft »bahnbrechende Erkenntnis«, so Gershon, die aber in der Medizin weltweit völlig in Vergessenheit geriet – um dafür nun eine umso stürmischere Renaissance zu erleben.

[13] Das Programm *Intuitiv leben!* hat die Sozialpsychologin und Psychotherapeutin Angelika Faas in ihrem Buch ›Intuition – zum rechten Zeitpunkt das Richtige tun‹ (Herder, Freiburg 2000) als übergeordnetes, individuelles Persönlichkeitstraining entwickelt. Es beruht im Wesentlichen auf den beiden Dimensionen »vertiefte Selbsterkenntnis« und »gesteigertes Selbstvertrauen«, die jeweils in verschiedenen Schritten entfaltet werden sollen:

1. Selbsterkenntnis
   - *Rückzugsort finden*
   - *Optimalen Zeitpunkt suchen*
   - *Innere Ruhe kultivieren*
   - *»Sinnes-Schulung« – Die Sinne öffnen*
   - *Wahrnehmungsfavorit erkennen*
   - *Gedanken fließen lassen*
   - *Prägende Lebensmuster erkennen*
   - *Das innere Programm erkennen*

2. Selbstvertrauen
   - *Bilanz der Lebensführung erstellen*
   - *Aktuelle Entwicklungsphase benennen*
   - *Erreichtes angemessen würdigen*
   - *Eigene Lebensziele prüfen*
   - *Prioritäten erkennen*
   - *Unterstützungssysteme finden*
   - *Lebensfreude intensivieren*
   - *Spontaneität wagen und trainieren*

Insgesamt sei es nicht entscheidend, dass solche intuitiven Impulse Sympathie, Begehrlichkeit oder Angst hervorrufen, sondern dass man in einem bewussten »Training der Spontaneität« lernt, mit ihnen vorurteilsfrei umzugehen. Dazu kann man sich angewöhnen, intuitive Impulse zunächst nur für sich selbst auszuformulieren, danach aufzuschreiben und sie schließlich laut auszusprechen und/oder einem Vertrauten mitzuteilen. »Mit der Zeit«, so die Psychologin, »wird der Zugang zum intuitiven Potenzial vertrauter und Sie können Ihre Intuitionen immer selbstbewusster und spontaner nutzen.«

[14] Da es uns um essenzielle, praxistaugliche Orientierungen geht, müssen wir fachwissenschaftliche Hintergründe notgedrungen ausblenden. Der ganze Themenbereich »systemisches, ganzheitliches Denken« und »komplexes Problemlösen« hat zu einer Vielzahl qualitativ unterschiedlicher Publikationen geführt. Dem an der Thematik interessierten Leser möchten wir aber einige Autoren und Bücher zur vertieften Auseinandersetzung nachhaltig empfehlen – zuallererst natürlich das legendäre Buch ›Die Logik des Mißlingens‹ von Dietrich Dörner. Zudem Günther Ossimitz über die ›Entwicklung systemischen Denkens‹ (2002), Andreas Ninck und Kollegen über ›Systemik‹ (2005) sowie Günter Schiepek und Kollegen über ›Synergie und Qualität in Organisationen‹ (1998). Weiterhin die Arbeiten von Gilbert Probst und Peter Gomez sowie das Kapitel über »Systemkompetenz« von Dietmar Hansch (2006). Den fachpsychologisch neuesten Stand zum Thema komplexes Problemlösen referiert Joachim Funke (2006); weitere Fachartikel zur Thematik finden sich in der von Funke herausgegebenen Enzyklopädie (2006).

[15] Diese Matrix ist in mehreren ähnlichen Varianten gebräuchlich, bekannt wurde sie auch in der von Frederic Vester als »Papiercomputer« bezeichneten Form. Sie ermittelt ein Grundbild der inneren Wirkungsgefüge, indem verschiedene Systemelemente sowie die Rückkoppelungen ihrer Teile (»Feedback- oder Feedforward-Schleifen«) relativ einfach erfasst werden. Systemtheoretisch handelt es sich um:
- *aktive* Systemelemente: Sie beeinflussen andere Elemente stark, werden gleichzeitig aber selbst kaum beeinflusst.
- *reaktive oder passive* Elemente: Sie beeinflussen andere nur schwach, werden aber selbst stark beeinflusst.
- *kritische* Elemente: Sie beeinflussen andere ebenso stark, wie sie von anderen beeinflusst werden.
- *träge* Elemente: Sie beeinflussen andere ebenso schwach, wie sie von anderen beeinflusst werden.

Sie können sich jederzeit selbst eine »Ziele-« oder »System-Matrix« sehr einfach erstellen. Dazu notieren Sie die in Frage kommenden Größen des Systems – wie in den dargestellten Beispielen persönliche Ziele oder die eigene Firma – und tragen diese gleich nummeriert in die erste Zeile (oben) und erste Spalte (links) eines frei gezeichneten Quadrates ein. Danach ziehen Sie die durch die Systemteile vorgegebenen waagrechten und senkrechten Linien – und vervollständigen das Ganze durch die rechte Spalte »Zeilensumme«. Das können Sie an beliebigen Orten auf jedem freien Stück Papier machen.

[16] Auch die Kritik an Darwins Evolutionstheorie beruht auf metaphorischen Fundamenten. Gregory Bateson beispielsweise kritisierte, dass Darwin in seinem »Kampf-Bild« die gesamten schöpferischen, inneren Anpassungsprozesse aller Organismen in ihren Lebensräumen nicht verstanden habe – beim Menschen etwa die evolutionäre Fähigkeit seines Geistes, für den Daseinskampf so vermeintlich nutzlose Dinge wie Kunst, Poesie oder Musik zu schaffen. So zeichnen die modernen Evolutionsforscher in neuen Disziplinen wie der Evolutionären Psychologie oder der Evolutionsmedizin andere Bilder der komplexen Weltentwicklung. Und sie beziehen sich auf andere Metaphern – vor allem auf diejenigen der Evolution als lebendes, auf allen Ebenen durch vielfältige Rückkoppelung erzeugtes kreatives Netzwerk. Für viele Forscher wie Ernst Jauntsch oder Steven Rose gleicht die unvorstellbare Komplexität und das gigantische Schauspiel der Evolution keinem Kampf, sondern einem *kosmischen Tanz*.

[17] Zu den fachlichen, fachwissenschaftlichen Hintergründen des metaphorischen Denkens: Alle in den letzten 20 bis 25 Jahren entstandenen Theorien definieren Metaphern ausnahmslos als *kognitives*, unser Denken grundlegend bestimmendes Phänomen. Aus mehreren Gründen orientieren wir uns an der konzeptuellen Metapherntheorie von Lakoff und Johnson – zu den näheren fachwissenschaftlichen Hintergründen siehe die Dissertation von Huber (2005).

[18] Wie umfassend die Grundlagen unseres Denkens, Sprechens und Geistes in metaphorischen Dimensionen verankert sind, wird daran deutlich, dass die Metapher *Wissen ist Sehen* selbst in einer Metapher gründet: in dem von Hans Blumberg als *absoluter* Metapher charakterisierten Denkbild *Wissen ist Licht.* Sie begründete nicht nur die ganze Menschheitsepoche der *Aufklärung*, sondern stand selbst am Anfang der abendländischen Kulturgeschichte: Für Heraklit war Denken ein licht- und wärmespendendes Feuer. Die Allgegenwart dieser Metaphern zeigt nicht nur, dass metaphorisches Denken alle komplexen Bereiche unseres Lebens durchzieht und bestimmt. Sie verdeutlicht auch, dass und wie sehr der menschliche Geist in seiner gesamten Kulturgeschichte schon immer metaphorisch funktionieren musste, um sich in unübersichtlichen neuen Wirklichkeiten orientieren zu können.

[19] Zur Willensstärke hat vor allem die von Lutz von Rosenstiel geleitete Projektgruppe »Selbstmanagement« am Institut für Wirtschaftspsychologie der Universität München in den letzten Jahren wichtige Arbeit geleistet.

Die Verfasser haben Willensstärke und bestimmte Willensstrategien in einem eigenen Buch genauer untersucht: ›Das Rubicon-Prinzip‹ (dtv 2004).

[20] Ressourcen spielen heute in vielen Therapien und Coachings eine wichtige Rolle; besonders prominent und wesentlich sind sie aber in den Konzepten der Selbstmanagement-Therapie von Frederick Kanfer und dem Zürcher Ressourcen-Modell ZRM, das Maja Storch und Frank Krause in den letzten Jahren entwickelt haben. Wir empfehlen in Sachen Selfness nachdrücklich die Lektüre der zentralen Publikationen dieser Autoren. Während das gleichnamige Buch ›Selbstmanagement-Therapie‹ (Springer-Verlag) von Kanfer und Kollegen betont wissenschaftlich aufgebaut und formuliert ist, fällt die Lektüre von Storchs und Krauses ›Selbstmanagement – ressourcenorientiert‹ (Hans Huber Verlag) leichter; zudem offerieren die beiden ZRM-Autoren auf ihrer Webseite www.zrm.ch eine Reihe von informativen Texten und vielfältigen Informationen.

Auswertung des Checks von Seite 209: Wie hoch ist Ihr EQ?

Vergleichen Sie Ihre zehn Antworten mit den Lösungen und addieren Sie die jeweils erreichten Punktwerte nach folgendem Schlüssel:

1. A=20, B=20, C=20, D=0.
Alles außer D: Diese Antwort verweist auf einen Mangel an Gespür für stressige Situationen.
2. A=0, B=20, C=0, D=0.
B: Emotional intelligente Eltern nützen »emotionale Krisen« ihrer Kinder, um sie

gefühlvoll zu coachen. Sie helfen ihnen, sich darüber klar zu werden, was sie so aufbrachte, was sie fühlen und welche situativen Alternativen sich anbieten.
3. A=20, B=0, C=0, D=0.
A: Ein wichtiges Zeichen, sich selbst motivieren zu können, ist die Fähigkeit, einen Plan zu fassen, um Hindernisse und Frustrationen zu überwinden – und ihn auch umzusetzen.
4. A=0, B=0, C=20, D=0.
C: Hoffnung als wichtiger Aspekt von emotionaler Intelligenz führt die Menschen dazu, Rückschläge als Herausforderungen zu begreifen, aus denen sie lernen können, neue Wege zu beschreiten. Hoffnungsschwache Pessimisten dagegen neigen dazu, sich selbst Vorwürfe zu machen oder demoralisiert aufzugeben.
5. A=0, B=0, C=20, D=0.
C: Der effektivste Weg, um eine offene, pluralistische Atmosphäre zu schaffen, besteht darin, in aller Öffentlichkeit klar zu machen, dass Ihre Organisation solche Formulierungen nicht tolerieren kann. Anstatt die Leute dazu zu bringen, ihre Vorurteile zu ändern, ist es einfacher, dass sie gar nicht erst danach handeln.
6. A=0, B=5, C=5, D=20.
D: Die Forschung zeigt, dass man einen aufgebrachten, wütenden Menschen am besten beruhigt, indem man ihn von seiner »Wutquelle« ablenkt, seine Gefühle und Sichtweisen versteht und ihm eine weniger stresshafte Perspektive vermittelt.
7. A=20, B=0, C=0, D=0.
A: Machen Sie eine mindestens 20-minütige Pause: So lange brauchen Sie, damit Ihr Organismus wieder vom physiologischen Stress runterkommt. Während der Stressattacke ist Ihre Wahrnehmung getrübt und Sie neigen zu allzu impulsiven Handlungen, die Sie später bereuen könnten. Wenn die Stressreaktion vorbei ist, sind die Voraussetzungen für eine konstruktive Diskussion viel besser.
8. A=0, B=20, C=0, D=0.
B. Kreative Gruppen sind am leistungsfähigsten, wenn sich ihre Mitglieder am wohlsten fühlen und die Stimmung stimmt – so befreit, kann jeder Einzelne sein Bestes beitragen.
9. A=0, B=5, C=0, D=20.
D: Kinder werden trotz eines angeborenen introvertierten Temperaments offener und extrovertierter, wenn ihre Eltern ihnen dabei helfen, durch dauernde lösbare Aufgaben und Herausforderungen ihre Schüchternheit zu überwinden.
10. A=0, B=20, C=0, D=0.
B: Indem man sich moderate, noch lösbare Herausforderungen stellt, fördert man die Motivation am besten – entsprechend leistungsfähig und zufrieden wird man sich fühlen.

Ihr »EQ-Wert« vermittelt eine qualitative Ahnung, wie emotional intelligent Sie sich im Vergleich mit vielen anderen Menschen einschätzen dürfen – die Skala:
200: Hochentwickelte emotionale Qualitäten
175 bis 100: Durchschnitt
75 und darunter: Am besten, Sie versuchen es morgen nochmals

1. Literatur

Auhagen, Ann (Hg.): *Positive Psychologie. Anleitung zum »besseren« Leben.* Weinheim: Beltz 2004.

Beck, Simon: *Skillmanagement.* Wiesbaden: Gabler 2005.

Biere, Peter: *Das Handwerk der Freiheit. Über die Entdeckung des eigenen Willens.* München: Hanser 2001.

Cicerone, Paola: *Das Geheimnis von Glückspilzen.* Spiegel online, 11. Februar 2005; www.spiegel.de/wissenschaft/mensch/0,1518,341257,00.html

Csikszentmihalyi, Mihaly: *Kreativität.* Stuttgart: Klett-Cotta 1997.

Dörner, Dietrich: *Die Logik des Misslingens. Strategisches Denken in komplexen Situationen.* Hamburg: Rowohlt 1992.

Draaisma, Douwe: *Die Metaphernmaschine. Eine Geschichte des Gedächtnisses.* Darmstadt: Primus 1999.

Erpenbeck, John; Lutz von Rosenstiel (Hg.): *Handbuch Kompetenzmessung. Erkennen, verstehen und bewerten von Kompetenzen in der betrieblichen, pädagogischen und psychologischen Praxis.* Stuttgart: Schäffer-Poeschel 2003.

Fuchs, Helmut; Andreas Huber: *Das Rubicon-Prinzip.* München: dtv 2003.

Fuchs, Helmut; Andreas Huber: *Die 16 Lebensmotive,* 3. Aufl. München: dtv 2005.

Gardner, Howard: *Abschied vom IQ. Die Rahmen-Theorie der vielfachen Intelligenzen.* Stuttgart: Klett-Cotta 1991.

Gödtel, Reiner: *Wege zum Glück. Lebenskunst in einer veränderten Welt.* München: Universitas 2001.

Goleman, Daniel: *Der Erfolgsquotient.* München: dtv 2000.

Goleman, Daniel: *Emotionale Führung.* Berlin: Ullstein 2003.

Goleman, Daniel: *Emotionale Intelligenz.* München: Hanser 1996.

Gomez, Peter; Gilbert Probst: *Die Praxis des ganzheitlichen Denkens.* Bern/Stuttgart: Haupt 1995.

Gomez, Peter; Gilbert Probst: *Vernetztes Denken.* Wiesbaden: Gabler 2002.

Gonschorrek, Ulrich; Esther Berg: *Emotionales Management. Erfolgsfaktoren sozial kompetenter Führung.* Frankfurt: Frankfurter Allgemeine Buch 2002.

Grossarth-Maticek, Ronald: *Autonomietraining. Gesundheit und Problemlösung durch Anregung der Selbstregulation.* Berlin, New York: De Gruyter 2000.

Hansch, Dietmar: *Erfolgsprinzip Persönlichkeit.* Berlin/Heidelberg: Springer 2006.

Hansch, Dietmar: *Erste Hilfe für die Psyche.* Berlin: Springer 2003.

Hansch, Dietmar: *Evolution und Lebenskunst. Grundlagen der Psychosynergetik. Ein Selbstmanagement-Lehrbuch.* Göttingen: Vandenhoeck & Ruprecht 2002.

Hansch, Dietmar; Hermann Haken: *Wie die Psyche sich selbst in Ordnung bringt.* Psychologie Heute 7/2004, S. 36–41.

Heyse, Volker (Hg.): *Kompetenzen erkennen, bilanzieren und entwickeln.* Münster/ New York: Waxmann 2004.

Hörning, Karl: *Experten des Alltags. Die Wiederentdeckung des praktischen Wissens.* Frankfurt: Velbrück 2001.

Holm-Hadulla, Rainer: *Kreativität. Konzept und Lebensstil.* Göttingen: Vandenhoeck & Ruprecht 2005

Horx, Matthias: *»Jetzt kommt Selfness!«,* Interview. Visa-Magazin 4/2005.

Horx, Matthias: *Der Selfness-Trend. Was kommt nach Wellness?* Kelkheim: Zukunftsinstitut 2005.

Horx, Matthias: *Wie wir leben werden. Unsere Zukunft beginnt jetzt.* Frankfurt: Campus 2005.

Horx, Matthias; Eike Wenzel: *Trend-Report 2004. Die 11 wichtigsten »Driving Forces« des kommenden Wandels.* Kelkheim: Zukunftsinstitut 2004.

Horx, Matthias; Oona Horx: *Trend-Report 2005. Soziokulturelle Schlüsseltrends für die Märkte der kommenden Jahre.* Kelkheim: Zukunftsinstitut 2005.

Huber, Andreas; Helmut Fuchs: *Die Sprache der Träume verstehen.* München: Ariston 2003.

Huber, Andreas; Helmut Fuchs: *Gesund durch kluges Timing. Mit der Chronobiologie zu einem körperbewussten Lebensrhythmus.* München: Ariston 2002.

Kabat-Zinn, Jon: *Die heilende Kraft der Achtsamkeit.* Freiburg: Arbor 2004.

Kanfer, Frederick/Hans Reinecker/Dieter Schmelzer: *Selbstmanagement-Therapie,* 3. Aufl. Berlin/Heidelberg: Springer 2000.

Lutz Christian: *Leben und Arbeiten in der Zukunft.* München: Langen Müller Herbig 1997.

Lutz, Christian: *Lebensunternehmerinnen: Vom industriellen zum kulturellen Zeitalter. Ein Zukunftsentwicklungsroman.* Zürich: Versus 2002.

Mentzel, Wolfgang: *Personalentwicklung.* München: dtv 2004.

Neuen, Christiane (Hg.): *Gelassenheit. Vom Umgang mit Krisen und Ängsten.* Düsseldorf: Patmos/Walter 2004.

Nuber, Ursula: *Nur Katzen haben sieben Leben. Du hast nur eins – mach was draus!* Freiburg: Herder 2005.

Ossimitz, Günther: *Entwicklung systemischen Denkens.* München: Profil 2000.

Pertl, Klaus: *Karrierefaktor Selbstmanagement.* Freiburg: Haufe 2005.

Pieper, Annemarie: *Glückssache. Die Kunst, gut zu leben.* München: dtv 2003.

Probst, Gilbert; Peter Gomez (Hg.): *Die Praxis des ganzheitlichen Problemlösens. Vernetztes Denken. Ganzheitliches Führen in der Praxis.* Wiesbaden: Gabler 1999.

Pscherer, Jörg: *Der Glaube an die eigene Kraft versetzt Berge.* Psychologie Heute 11/2004.

Psychologie Heute Compact: *Lebensfreude.* Heft 13, 2005.

Reeve, Christopher: *Immer noch ich. Mein zweites Leben.* München: Droemer Knaur 2001.

Rohrhirsch, Ferdinand: *Führen durch Persönlichkeit. Abschied von der Führungstechnik.* Wiesbaden: Gabler 2002.

Rückert, Hans-Werner: *Entdecke das Glück des Handelns. Überwinden, was das Leben blockiert,* 2., durchges. Aufl. Frankfurt: Campus 2004.

Salisch, Maria von: *Emotionale Kompetenz entwickeln.* Stuttgart: Kohlhammer 2002.

Scheich, Günther: *Positives Denken macht krank: Vom Schwindel mit gefährlichen Erfolgsversprechen.* Frankfurt/Main: Eichborn 1997.

Seiwert, Lothar: *Die Bären-Strategie: In der Ruhe liegt die Kraft.* München: Ariston 2005.

Seiwert, Lothar: *Wenn du es eilig hast, gehe langsam. Mehr Zeit in einer beschleunigten Welt.* Frankfurt: Campus 2005.

Seiwert, Lothar: *Das Bumerang-Prinzip. Mehr Zeit fürs Glück.* München: dtv 2004.

Seligman, Martin: *Der Glücksfaktor. Warum Optimisten länger leben.* Bergisch Gladbach: Lübbe 2005.

Seligman, Martin: *Pessimisten küsst man nicht. Optimismus kann man lernen.* München: Droemer Knaur 2001.

Staudinger, Ursula: *»Weisheit ist leicht zu erkennen – aber schwer zu erreichen«,* Interview. Psychologie Heute 10/2001, S. 22–27.

Steck, Sabrina: *Karrierefaktor Persönlichkeit. Entwickeln Sie Ihre Führungsfähigkeiten.* Freiburg: Haufe 2005.

Steinel, Andreas; Peter Wippermann (Hg.): *Trend 2004 – Arbeit, Freizeit, Eigenzeit. Denkanstöße für Wirtschaft, Medien und Gesellschaft.* München/Zürich: Piper 2004.

Steiner, Claude; Paul Perry: *Emotionale Kompetenz.* München: dtv 1999.

Steiner, Verena: *Energiekompetenz. Produktiver denken – wirkungsvoller arbeiten – entspannter leben.* München/Zürich: Pendo 2005.

Stern Journal: Trend: *Morgen in Sicht.* Heft 17/2006.

Stiefel, Rolf: *Förderprogramme. Handbuch der personellen Zukunftssicherung im Management.* Leonberg: Rosenberger Fachverlag 2003.

Storch, Maja; Frank Krause: *Selbstmanagement – ressourcenorientiert. Grundlagen und Trainingsmanual für die Arbeit mit dem Zürcher Ressourcen Modell (ZRM),* 3., korr. Aufl. Bern: Huber 2005.

Trenkle, Bernhard: *Das Ha-Handbuch der Psychotherapie.* Heidelberg: Carl Auer Verlag 2000.

Vester, Frederick: *Die Kunst, vernetzt zu denken. Ideen und Werkzeuge für einen neuen Umgang mit Komplexität,* 5. Aufl. München: dtv 2005.

Wiese, Bettina (Hg.): *Individuelle Steuerung beruflicher Entwicklung. Kernkompetenzen in der modernen Arbeitswelt.* Frankfurt/Main: Campus 2004.

Wunderer, Rolf; Heike Bruch: *Umsetzungskompetenz.* Hannover: Vahlen 2000.

2. Links (Internet)

a. Themen

– *Positive Psychologie*
www.positivepsychology.org
Umfassende fachliche Informationen und Materialien des Positive Psychology Center von Martin Seligman.
Seriöse und empfehlenswerte deutschsprachige Webseiten zur Positiven Psychologie gibt es unseres Wissens bisher leider nicht.

– *Resilienz*
www.apahelpcenter.org
Publikumsseite der amerikanischen Psychologenvereinigung APA mit umfassenden, verständlichen Informationen, Materialien und Hilfen.

– *Emotionale Intelligenz*
www.eiskills.com
Die fachlich wohl beste Webseite des Positiven Psychologen und Emotionsforschers David Caruso mit umfassenden Materialien, Artikeln und Tests über Teilaspekte der EI.

– *Systemdenken*
Wer Englisch kann, findet eine Fülle hervorragender, informativer und sehr benutzerfreundlicher Webseiten. Am besten fängt man beim schon legendären Santa-Fé-Institut für Komplexität und nichtlineare Systemdynamik an: www.santafe.edu

Die wohl beste deutsche Homepage mit einem Online-Lehrgang »Didaktik der Systemdynamik«, vielen Informationen, Materialien und Links liefert der Klagenfurter Professor Günter Ossimitz: www.uni-klu.ac.at/users/gossimit/sdyn/sdyn.htm

Empfehlenswert ist zudem die Webseite des St. Galler Zentrums für Zukunftsforschung: www.sgzz.ch/links/stp/index.html

Frederic Vester, der Entdecker des »vernetzten Denkens«, offeriert sein berühmtes *Ecopolicy-Spiel* unter: www.frederic-vester.de/ecopolic.htm

Deutschsprachige Webseiten zu Systemdenken und Komplexität sind eher selten. Die besten Einführungen, Dokumente und praktischen Übungsprogramme (»Szenariotechniken«) finden sich unter:
web.uni-bamberg.de/ppp/insttheopsy/
Institut für Theoretische Psychologie der Universität Bamberg (Professor Dietrich Dörner, mit ausführlicher Literaturliste und teilweise kostenlosen Szenarioprogrammen) sowie
www.psychologie.uni-heidelberg.de/ae/allg/mitarb/jf/index.html
Institut für Allgemeine und Theoretische Psychologie der Universität Heidelberg (Professor Joachim Funke)

b. Online-Tests

- *Denkstile*
  www.ldrc.ca/projects/tscale/
  Wissenschaftlicher Online-Test der Universität Toronto über die individuellen Denkstile, wie sie vom führenden Denk- und Kreativitätspsychologen Robert Sternberg erforscht und definiert wurden; kostenlos, sofortige Auswertung, nur in Englisch.

- *Lerntypen*
  www.ldrc.ca/projects/miinventory/miinventory.php
  Wissenschaftlicher Online-Test der Universität Toronto über die multiplen Intelligenzen, wie sie vom Kognitionspsychologen Howard Gardner erforscht und definiert wurden; kostenlos, sofortige Auswertung, nur in Englisch.

- *Persönlichkeitstests*
  arbeitsblaetter.stangl-taller.at/

Auf der Webseite des österreichischen Pädagogen und Beraters Werner Staller findet der interessierte Leser Online-Fassungen verschiedener Persönlichkeitsverfahren, unter anderem den EST (Eigenschaften – Situationen – Verhaltensweisen), den PW (Ressourcenpräferenzen) oder den SIT (Situativer Interessentest).

Weitere Möglichkeiten:

www.manager-magazin.de/koepfe/karrierecheck/
Die Online-Testseite des Manager-Magazins mit überwiegend seriösen Testangeboten im beruflichen Umfeld.

www.testedich.de
Teilweise etwas banal, meist verspielt, insgesamt aber auch mit seriösen Tests und weiterführenden Links.

Wer sich fachlich über alle psychodiagnostischen Tests im deutschsprachigen Raum kundig machen möchte, kann dies beim Hogrefe-Verlag für Psychologie tun:
www.hogrefe.de

- *Zeittypen*
www.seiwert.de
Auf dieser Homepage des führenden deutschen Zeitmanagementforschers Lothar J. Seiwert finden Sie unter *»Time-Management«* verschiedene seriöse Tests und Checklisten zum Thema – unter anderem die Tests »Sind Sie ein Meister der Zeit?« sowie »Welcher Typ sind Sie?«.